Burow – Wertschätzende Schulleitung

E-Book inside

Mit dem untenstehenden Download-Code erhalten Sie die PDF-Version dieses Buches.

So laden Sie Ihr E-Book inside herunter:

1. Öffnen Sie die Website: http://www.beltz.de/ebookinside
2. Geben Sie den untenstehenden Download-Code ein und füllen Sie das Formular aus.
3. Mit dem Klick auf den Button am Ende des Formulars erhalten Sie Ihren persönlichen Download-Link.
   [Für den Einsatz des E-Books in einer Institution fragen Sie bitte nach einem individuellen Angebot unseres Vertriebs: buchservice@beltz.de. Nennen Sie uns dazu die Zahl der Nutzer, für die das E-Book zur Verfügung gestellt werden soll.]
4. Der Code ist nur einmal gültig. Bitte speichern Sie die Datei auf Ihrem Computer.
5. Beachten Sie bitte, dass es sich bei Ihrem Download um eine Einzelnutzerlizenz handelt. Das E-Book ist für Ihren persönlichen Gebrauch bestimmt.

Download-Code

MKTB79VZHM

»You may leave school, but it never leaves you.«
Andrew Partridge

*»Leistung allein genügt nicht.
Man muss auch jemanden finden,
der sie anerkennt.«*
Ludwig Wittgenstein

*»Anerkennung ist ein wunderbares Ding:
Sie bewirkt, dass das, was an anderen herausragend ist, auch zu uns gehört.«*
Voltaire

»Was nicht von dem Menschen selbst gewählt, worin er auch nur eingeschränkt und geleitet wird, das geht nicht in sein Wesen über, das bleibt ihm ewig fremd, das verrichtet er nicht eigentlich mit menschlicher Kraft, sondern mit mechanischer Fertigkeit.«
Wilhelm v. Humboldt

Olaf-Axel Burow

Wertschätzende Schulleitung

Der Weg zu Engagement, Wohlbefinden und Spitzenleistung

2. Auflage

Wie Schulen zukunftsfähig werden

BELTZ

Prof. Dr. Olaf-Axel Burow lehrt Erziehungswissenschaft an der Universität Kassel und ist Autor zahlreicher Fachbücher zu Pädagogik, Schul- und Organisationsentwicklung sowie Kreativitätsforschung und Zukunftsgestaltung. Bei Beltz erschienen seine Bücher »Positive Pädagogik« (2011), »Digitale Dividende« (2014), »Team-Flow« (2015), »Wertschätzende Schulleitung« (2016), »Die Corona-Chance: Durch sieben Schritte zur ›Resilienten Schule‹« und »# Schule der Zukunft: Sieben Handlungsoptionen«.
Homepage: www.olaf-axel-burow.de

FSC www.fsc.org MIX Papier | Fördert gute Waldnutzung FSC® C089473

Dieses Buch ist erhältlich als:
ISBN 978-3-407-25570-9 Print
ISBN 978-3-407-25571-6 E-Book (PDF)

2. Auflage 2022

Werderstraße 10, 69469 Weinheim
service@beltz.de

Satz und Herstellung: Michael Matl
Umschlaggestaltung: Michael Matl
Umschlagabbildung: © Mademoiselle Maurice, Paris
Druck und Bindung: Beltz Grafische Betriebe, Bad Langensalza
Beltz Grafische Betriebe ist ein Unternehmen mit finanziellem Klimabeitrag (ID 15985-2104-1001).
Printed in Germany

Weitere Informationen zu unseren Autor:innen und Titeln finden Sie unter: www.beltz.de

Inhalt

Prolog: Stell dir vor, es ist Schule und alle wollen hin

Wer von uns erinnert sich nicht: Hitzefrei! Der Unterricht fällt aus. Für die meisten eine Befreiung, ebenso wie der erlösende Pausengong oder der Beginn der Sommerferien.

Nur die wenigsten Schüler/innen werden es bedauern, wenn sie nach Absolvierung von ca. 10 000 Schulstunden in die Freiheit entlassen werden. Und auch viele Lehrer/innen erfahren Schule zu selten als Ort der Lernfreude und des Schulglücks. Dabei ist Lernen ein mit Lust besetztes Grundbedürfnis des Menschen und es gibt kaum etwas Aufregenderes, als sich neue Welten des Wissens und der Erfahrung zu erschließen.

Zwar verlassen wir irgendwann die Schule, doch wie der Songwriter Andrew Partridge treffend textet, verlässt uns Schule niemals (»You may leave school, but it never leaves you«). Sie ist neben der Familie die Institution, die uns lebenslang, ja sogar bis ins fortgeschrittene Alter prägt.

Ein »Lob der Schule«, wie es der Neurobiologe Joachim Bauer (2007) vorgelegt hat, kommt nur wenigen aus der Feder. Vielmehr ist die Literatur voll von bedrückenden Schulschilderungen, deren negativer Tenor durch eine aktuelle Schülerbefragung der Telekom-Stiftung (2021) in beunruhigender Weise bestätigt wird: Demnach verbinden 51 % der befragten SchülerInnen »Druck und Zwang« mit Unterricht und nur 23 % sagen, Lernen in der Schule mache »Spaß«. Nicht von ungefähr bewundern wir Personen, denen es wie dem Erfolgsautor Henning Mankell schon früh gelang, sich aus den Klauen der Anstalt zu befreien.

Warum erleben noch immer zu viele von uns Schule als einen schwierigen Ort und was können wir tun, damit aus ihr ein anziehender, ja begeisternder Lern- und Lebensraum wird? Antworten auf diese Frage möchte ich mit diesem Text geben und mich dabei auf die wesentlichen Aspekte beschränken. Der entscheidende Schlüssel für die Entwicklung einer Schule, in die alle wollen und in der Mitglieder es bedauern, wenn Veranstaltungen ausfallen, ist die Entwicklung einer neuen *Schul- und Führungskultur, die den Schwerpunkt auf Wertschätzung bzw. Anerkennung legt.*

Die traditionelle Schule dagegen beruht in vielfacher Hinsicht noch immer zu sehr auf einer Kultur der Abwertung. Nicht von ungefähr haben ca. 25 Prozent aller Grundschüler/innen bis zur dritten Klasse ein negatives »Schul-Selbst«. Sie haben gelernt, dass das, was sie können, in der Schule nicht zählt. »Die Schule«, sagte der Kindheitsforscher Remo Largo zu mir, »ist noch immer nicht bei den Kindern angekommen.« In der Tat: In Zeiten von Standardisierung und genormten Vergleichsarbeiten zählt weniger das eigensinnige Interesse des Kindes, als stärker die Anpassung an kultusministerielle Vorgaben.

Doch was für die Kinder gilt, betrifft auch die Lehrer/innen. In unseren Schulentwicklungswerkstätten, die wir in den letzten Jahren mit einer Vielzahl von Schulen durchgeführt haben, beklagen die Teilnehmer/innen durchweg ein zu hohes Maß an bürokratischen Vorgaben und einen zu geringen Gestaltungsspielraum. Viele fühlen sich gehetzt und überlastet, obwohl Bildung doch Gelassenheit und Muße braucht. Das alles sind keine neuen Erkenntnisse.

Schon Wilhelm v. Humboldt betonte, wie Sie im Eingangszitat lesen konnten, dass ein zu hohes Maß an Fremdbestimmung nur zu oberflächlicher Anpassung führt und letztlich das kreative Potenzial der Beteiligten schädigt. Wie ich zeigen werde, brauchen Schulleitungen, aber auch Lehrer/innen und Schüler/innen mehr echte Gestaltungsautonomie.

Diese Einsichten sind längst auf vielfältige Weise mehrfach wissenschaftlich belegt – doch zu wenig davon ist umgesetzt. Hier zeigt sich: Schule, Erziehung und Unterricht haben weniger ein Erkenntnis- als eher ein Umsetzungsdefizit. Wir (Burow, Gottschalk & Freiboth 2016) sprechen von der »Transformationslücke«, die vor allem darin besteht, dass wissenschaftliche Erkenntnisse und darauf aufbauende kognitive Einsichten nur selten zu entsprechenden Verhaltensänderungen führen. Wir kennen das aus anderen Bereichen: Ob bei unserer Ernährungsweise oder unserem Umweltverhalten, die meisten von uns sind überinformiert und wissen längst, was zu tun wäre, doch die wenigsten ziehen aus diesem Wissen die notwendigen Konsequenzen.

Wie kann ich angesichts dieser in vielen Studien belegten Veränderungsresistenz darauf setzen, dass ausgerechnet der träge Tanker Schule zu einem grundlegenden Wandel weg von selektiver Abwertung hin zu einer Kultur umfassender Anerkennung in der Lage sein sollte – und dies mit einem vergleichsweise einfach erscheinenden Verfahren: der *Wertschätzenden Führung* bzw. der *Wertschätzenden Schulentwicklung*?

Mein Optimismus wird durch die Auseinandersetzung mit den Theorien von Salutogenese, Selbstbestimmung und Wertschätzung sowie einer Vielzahl von Wertschätzenden Schulentwicklungswerkstätten, die ich in den letzten Jahren durchgeführt habe, gespeist. Diese Theorien und meine praktischen Erfahrungen zeigen, dass Wertschätzende Führung ein erstaunlich wirksames Instrument der Schulentwicklung ist, das sowohl zu Erhöhung von Engagement und Wohlbefinden wie auch zu besseren Leistungen beitragen kann. Ein Grund dafür ist, dass Wertschätzende Führung auf der Berücksichtigung bislang zu wenig beachteter menschlicher Grundbedürfnisse basiert, deren Unterdrückung zumindest teilweise zu den unbefriedigenden und belastenden Situationen im Bildungsbereich beiträgt.

Wenn es uns gelingt, mithilfe Wertschätzender Führung für mehr Kohärenzerleben, mehr Selbstbestimmung und mehr Anerkennung in der Schule zu sorgen, dann werden wir mehr Wohlbefinden, Lernfreude und bisweilen auch Spitzenleistungen erzeugen. Schulleitungen, denen es gelingt, diesen neuen Stil umzusetzen, werden überrascht sein, wie viel Resonanz sie erleben und wie sich das Klima zum Positiven wandelt.

Überlastung, mangelndes Engagement und Leiden an der Schule sind nicht vom Himmel gefallen, sondern sie sind in weiten Teilen Ergebnis unserer historisch gewachsenen Art des Schulemachens. Entscheidend für gute Schule ist nämlich neben einem grundlegenden Wandel der Lehr- und Lernkultur vor allem, das belegen auch neue Untersuchungen, die Art und Weise, *wie* Schule geführt wird. Schulleitungen haben demnach einen sehr viel größeren Einfluss auf Schulklima, Engagement und Leistungsergebnisse, als wir bisher vermutet hatten. Dies ist eine ermutigende Botschaft für alle, die mit Schulleitung befasst sind: Sie haben mehr Gestaltungsmöglichkeiten, als sie glauben.

Die Kehrseite dieser Einsicht besteht in einer Erhöhung der Anforderungen an Schulleitung: Schulleitungen, Schulleitungsteams und Steuergruppen haben große Gestaltungsmöglichkeiten, aber sie sind auch in der Verantwortung, diese zu nutzen. Mit den passenden Instrumenten können Sie sehr viel dafür tun, dass Schule zu einem attraktiven Arbeitsplatz, Lern- und Lebensort wird. Zielführend dafür ist – wie Sie sehen werden – die Beachtung von einigen wenigen Kernpunkten. Mit dem von mir in den letzten Jahren – aufgrund der Zusammenarbeit mit einer Vielzahl von Schulkollegien – entwickelten Leadership-Kompass, bestehend aus Salutogenese, Selbstbestimmung und Wertschätzung sowie den dazugehörenden drei mal drei Schlüsselfragen, erhalten Sie ein »simplexes« Steuerungsinstrument, mit dem Sie den notwendigen Wandel einleiten können.

Leser/innen, die wenig Zeit haben, können sich im Fazit des dritten Teils (III. »Wirksam führen mit Wertschätzender Schulleitung«) in wenigen Minuten einen Überblick verschaffen. Sie lernen dort den »Leadership-Kompass« kennen – ein Instrument für erfolgreiche Führung, dessen theoretischer und praktischer Hintergrund in den übrigen Kapiteln detailliert erläutert wird. Für ein vertieftes Verständnis ist es hilfreich, sich über wissenschaftliche Erkenntnisse bezüglich der Wirkungen »guter Schulleitung« zu informieren (Teil I), aber auch zu erkennen, warum Schulleitung und überhaupt Veränderungsprozesse so schwierig sind (Teil II). Erst dieses Wissen ermöglicht ein erfolgreiches Führungshandeln (Teil III).

Grundlegende Veränderungen erfolgen nicht von heute auf morgen, doch konsequent umgesetzt, können Sie schon morgen zu einer Schule beitragen, die zu einem attraktiven Anziehungspunkt wird. »Stell dir vor, es ist Schule und alle wollen hin« mag wie eine ferne Utopie klingen, doch mit dem Leadership-Kompass und dem Change Code rückt dieses Ziel näher.

Teil I
Was gute Schulleitung bewirkt

»While many researchers have looked at differences in school inputs – such as teacher quality, class size and family/pupil characteristics – or variations in the institutional environment – such as pupil choice – few studies explore differences in school management. In this paper we show robust evidence that management practices vary significantly across and within countries and are strongly linked to pupil outcomes. *Management seems to matter for schools.*«
(Bloom et al. 2014, S. 23)

Worum es in der Schule wirklich geht

Das einleitende Zitat – die Quintessenz einer Untersuchung der Gelingensfaktoren erfolgreicher Schulen in acht Staaten – umreißt die Kernaussage dieses Kapitels: Auf die Schulleiter/innen bzw. Schulleitungsteams kommt es sehr viel stärker an, als wir es bisher erkannt haben! Dies ist eine ermutigende, aber auch herausfordernde Botschaft für alle, die in der Schulleitung tätig sind, sei es als Schulleiter/in, als Stellvertreter/in, als Fachbereichsleiter/in oder als Mitglied einer Steuergruppe. Und auch für die Lehrer/innen, Schüler/innen und Eltern enthält diese Erkenntnis eine wichtige Botschaft: Schlechte Stimmung, reduziertes Engagement, ja sogar Burnout, unzureichende Ergebnisse, langatmige, ineffektive Konferenzen und vieles mehr fallen nicht vom Himmel. Sie können – wie ich zeigen werde – durch Wertschätzende Schulleitung und den Leadership-Kompass mit der konsequenten Berücksichtigung der »drei mal drei« Schlüsselfragen wirksam verändert werden.

Was berechtigt mich zu dieser optimistischen Einschätzung, ist doch Schule seit dem PISA-Schock Gegenstand vielfältiger Untersuchungen geworden – jedoch weitgehend ohne die erhofften Wirkungen? Ganz im Gegenteil gibt es viele Hinweise, dass sich der Druck auf Lehrerinnen und Lehrer, aber auch auf Schüler/innen (Schulte-Markwort 2015) verstärkt hat, dass zu viele durch die wachsenden Anforderungen überfordert sind – dies jedenfalls ist der Eindruck aus unserer Zukunftswerkstatt »Abbau von Belastungen« (Burow & Rolff), an der in den letzten Jahren über 2 000 Schulleitungsmitglieder teilgenommen haben. Die Auswertung dieser Werkstätten und meine Beobachtungen an vielen Schulen begründen berechtigte Zweifel daran, ob wir durch den wachsenden Datenberg dem Geheimnis guter Schulen wirklich näher gekommen sind. Zudem kann man die Forschungsergebnisse – je nach Interessenlage – unterschiedlich interpretieren. Und dies gilt selbst für die aufwändige Hattie-Studie (2009), die Vertreter völlig diametraler Positionen zur Rechtfertigung ihres jeweils präferierten pädagogischen Ansatzes heranziehen. Deshalb stellt sich die Frage, ob es ergänzend zu den Daten einfachere und wirksamere Möglichkeiten gibt, Schule zu steuern – oder besser gesagt: zu gestalten.

Auf jeden Fall scheinen zentrale Fragen noch immer unbeantwortet: Basiert gute Schule auf der Qualität der Lehrerinnen und Lehrer? Kommt es auf die Klassengröße an, wie die meisten Lehrer/innen im Gegensatz zur Mehrzahl der Bildungsforscher meinen? Kann Schule überhaupt etwas gegenüber genetischen Vorprägungen oder den sozialen und familiären Hintergrund ausrichten? Sind die Einflüsse der gesellschaftlichen und kulturellen Umgebungen überwindbar? Kommt es auf Struktur und Organisation des Bildungssystems insgesamt an? Solche und ähnliche Fragen sind noch immer nicht eindeutig beantwortet, was auch daran liegt, dass sie nicht einfach durch Wirkungsstudien entschieden werden können, spielen doch immer normative Setzungen und Interessen in den Charakter der jeweiligen Erhebung und die Interpretation der gewonnenen Daten hinein. Deshalb bleibt häufig unklar, welche Handlungsempfehlungen aus den Erkenntnissen von Studien der empirischen Bildungsforschung für die Lehrer/innen vor Ort zu ziehen sind.

Zwar ergeben sich aus dem Zusammenspiel von Daten und mehr oder minder begründeten pädagogischen Positionen wesentliche Anhaltspunkte, doch überfordert die Beachtung der Vielzahl möglicher Einflussfaktoren das Handlungsvermögen der an Schule Beteiligten. Was fehlt ist eine einfache, »simple« oder besser »simplexe«, aber nicht vereinfachende Orientierung. Wertschätzende Schulleitung beruht in diesem Sinne auf einfachen Leitfragen, die dennoch die Komplexität berücksichtigen, die mit Schule und Unterricht verbunden ist. Sie wirken auf den ersten Blick – was die Handlungsempfehlungen betrifft – simpel, sind aber – wie wir sehen werden – theoretisch fundiert sowie in mehrfacher Hinsicht »evidenz- bzw. erfahrungsbasiert« und berücksichtigen komplexe Hintergründe. In diesem Sinne ermöglicht der Leaderhip-Kompass, wie im dritten Teil dargestellt, »Simplexity« – beschreibt also eine Möglichkeit, einfache Handlungsempfehlungen für komplexe Situationen zu geben.

Beginnen wir mit der wichtigsten Frage, die beim Start jedes Schulentwicklungsprozesses gestellt werden sollte: *Was ist das wichtigste Ziel unserer gemeinsamen Unterrichts- und Erziehungsarbeit?* Was ist das wichtigste Ziel, dessen Umsetzung wir im Rahmen der Entwicklung unserer Schule anstreben? Eine auf den ersten Blick einfache und selbstverständlich erscheinende Frage – doch nach meinen Beobachtungen setzen sich die wenigsten Kollegien mit dieser grundlegenden Frage auseinander. Dabei ist eine sinnvolle Schulpraxis ohne Klärung der gemeinsamen Basis pädagogischen Handelns nicht möglich.

Warum Reformen von oben nur schlecht funktionieren

Eine Ursache für die mangelnde Berücksichtigung dieser existenziellen Grundsatzfrage sehe ich – neben der unzureichenden Orientierung durch die Lehrerbildung – in der Überlastung von Lehrerinnen und Lehrern im Gefolge der vielfältigen Versuche, Schule und Unterricht zu optimieren und auf die neuen Anforderungen auszurichten, die sich aus dem rasanten gesellschaftlichen Wandel ergeben. So verzeichnen wir im Zuge der neoliberalen Wende einen Wandel der Schule von einer allgemeinbildenden Bildungseinrichtung hin zur Funktion eines Zulieferbetriebs für die unter verschärfter Konkurrenz stehende Wirtschaft – vor allem im Angesicht des globalisierten Wettbewerbs. Schule soll zumindest tendenziell stärker als bisher die vermuteten Bedürfnisse der Wirtschaft erfüllen, aber mit der Erfüllung der Forderung nach Chancengleichheit auch die Defizite ausgleichen, die sich aus einer immer stärkeren Spaltung der Gesellschaft in Arm und Reich ergeben.

Besonders wichtig für die Berücksichtigung von Anforderungen der Wirtschaft scheinen insbesondere die mathematisch-naturwissenschaftlichen Fächer zu sein, weswegen die Kultusminister schon vor längerem eine »Reform« der gymnasialen Oberstufe vorgenommen und dabei die Abwahlmöglichkeit der MINT-Fächer eingeschränkt oder gar abgeschafft haben. Diese Maßnahme klingt auf den ersten Blick sinnvoll und erweist sich doch bei näherer Betrachtung als Fehlschlag. Ihre Analyse zeigt exemplarisch, warum solche »Reformmaßnahmen« scheitern: Sie beruhen auf einem fehlerhaften Menschenbild und einer mangelnden Berücksichtigung der Art und Weise, wie Schüler/innen lernen.

So hatte bereits die TIMS-Studie 1999 befunden, dass ca. 70 Prozent der Oberstufenschüler nicht adäquat für das Anforderungsniveau der Universität vorbereitet waren. Die logische Schlussfolgerung aus diesem Mangel schien auf der Hand zu liegen: Die Schüler/innen brauchten mehr Mathematik. Kann die Ausweitung des Pflichtangebotes wirklich den Mangel beheben? 15 Jahre später können wir die Wirksamkeit dieser Idee überprüfen. Haben über 15 Jahre verpflichtenden Mathematikunterrichts – wie die Kultusministerien hofften – wirklich etwas an der Misere geändert?

Forscher des IPN (Leibniz-Institut für die Pädagogik der Naturwissenschaften und Mathematik) haben im Jahr 2014 1 360 Abiturient/innen aus Schleswig-Holstein getestet und deren Leistungen mit den Bildungsstandards der Oberstufe abgeglichen. Das Ergebnis: Nur 31 Prozent der Schüler/innen erreichten die angestrebte voruniversitäre Bildung. Die Mehrheit schaffte gerade mal das Matheniveau der Realschule und 28 Prozent der Abiturient/innen kamen gar über den Kenntnisstand von Klasse 7 oder 8 nicht heraus. Insgesamt 69 Prozent, also ein geringfügig veränderter Prozentsatz, erfüllten auch 2014 die vorgesehenen Anforderungen nicht.

»An diesen Schülern scheint der Mathematikunterricht bereits in der Mittelstufe vorbeigegangen zu sein«, sagt IPN-Direktor Olaf Köller. Der Zeit-Redakteur Martin Spiewak (2015, S. 2) bilanziert: »Statt Mathe abzuwählen, heißt die Strategie heute offenbar: Mathe abzusitzen.« Was lehrt uns diese gescheiterte Reformmaßnahme von oben?

Die Forschung liefert hier ein Lehrstück verfehlter »Reformen« und belegt Remo Largos These, der zufolge die Schule noch immer nicht bei den Schülern angekommen sei. Doch halt, stimmt das wirklich? Immerhin erreichten doch ca. 30 Prozent der Schüler/innen das angestrebte Ziel. Warum gelang ihnen, was der Mehrzahl versagt blieb? Die IPN-Forscher bemerken (Spiewak 2015, S. 3): »Bei den Schüler/innen mit einer Schwerpunktsetzung im naturwissenschaftlichen Bereich handelt es sich um eine *kognitiv positiv selektierte Gruppe.*« Eine »kognitiv positiv selektierte Gruppe« – was ist darunter zu verstehen?

Mit dem britischen Kreativitätsforscher Sir Ken Robinson (2011) könnte man auch sagen: Sie waren in ihrem Element! Unter dem »Element« versteht Robinson eine natürliche Neigung oder Begabung, über die wir alle verfügen – nur in unterschiedlicher Ausprägung und bezogen auf unterschiedliche Fachgebiete. Hauptaufgabe von Schule ist es aus Sicht von Robinson deshalb, Schüler/innen zu befähigen, ihr Element zu entdecken und anregende bzw. herausfordernde Umgebungen zu schaffen, in denen sie es optimal entwickeln können. Normierte Vorgaben wie ein Pflichtfach Mathematik in der Oberstufe beruhen demnach auf einem falschen Menschenbild und einem Verkennen individueller Entwicklungsmöglichkeiten. Wie erkannte doch schon Humboldt im Eingangszitat: Was nicht vom Menschen selbst gewählt wird, bleibt ihm fremd und führt allenfalls zu mechanischem Nachvollzug. In diesem Sinne sind weite Bereiche von Schulen und Hochschulen heute zu Orten des mechanischen Nachvollzugs geworden.

Wir werden weiter unten sehen, dass die Selbstbestimmungstheorie Deci und Ryans, die eine tragende Säule des Leadership-Kompasses ist, diese Ahnung Humboldts inzwischen auch wissenschaftlich belegt hat. Hier stellt sich die Frage: Warum ziehen wir daraus nicht die auf der Hand liegenden Konsequenzen, sondern behandeln Schüler und Lehrer noch immer zu oft wie identisch programmierbare Automaten und zerstören dabei noch nebenbei ihre Kreativität – wie Ken Robinson (2006) in seinem YouTube-Vortrag »Do schools kill creativity?« zeigt, der nicht von Ungefähr mittlerweile über 72 Millionen Mal abgerufen wurde?

Lehrer und Schüler brauchen Anerkennung und Freiheit

Wer wirklich für Lernfreude, Engagement und gute Leistungen sorgen möchte, der muss sich von überzogener bürokratischer Regulierung verabschieden und Lehrern wie Schülern mehr Anerkennung und Freiheit geben. Statt Standardisierung erweist sich Individualisierung des Lernens als eine Erfolgsformel. So sehe ich, um ein Beispiel zu geben, bei meiner 16-jährigen Tochter ein literarisches und zeichnerisches Talent wachsen, das durch den Standardunterricht nicht nur nicht gefördert, sondern sogar behindert wird. Statt ihre Talente zu erkennen und zu fördern, wird sie in der Oberstufe mit dem Pflichtfach Mathematik gequält – das sie – dank Nachhilfelehrern – widerwillig aber erfolgreich abschließen wird, während ihre vielversprechenden, entwicklungsfähigen Neigungen durch Nichtbeachtung verkümmern.

Nur wenige sind so mutig und selbstbewusst wie der oben erwähnte Henning Mankell, der mit 15 die Schule verließ, weil sie ihm nichts brachte für die Verfolgung seiner früh verspürten schriftstellerischen Ambitionen. Schlimmer ergeht es unangepassten Originalen, wie der Kaffeehaus-Erbin Luise Jacobs, die in ihrem autobiografischen Bericht (2013) beschreibt, wie sie die normierende Schule fast umgebracht hätte. Mit dem Eintritt in die Schule ist ihre glückliche Kindheit beendet, denn sie bringt nicht die Leistungen, die die Schule von ihr erwartet. Abweichung wird in diesem System noch immer zu oft mit Ausgrenzung oder Pathologisierung bestraft. Für Jacobs beginnt eine Maßnahmenkarriere, deren Wirkung sie in ihrem Bericht »Fräulein Jacobs funktioniert nicht« (2013, S. 21) auf den Punkt bringt:

> »Als ich acht war, begann man mich zu untersuchen. Und das Faszinierende war: Je genauer man mich untersuchte, desto weniger an mir stimmte. Ich wurde immer falscher.«

Henning Mankell und Louise Jacobs, wird mancher einwenden, sind spektakuläre, aber nicht verallgemeinerbare Beispiele. Doch wer die Studie des Hamburger Chefarztes der Klinik für Kinder- und Jugendpsychiatrie, Schulte-Markwort (2015), gelesen hat, wird eines Besseren belehrt: Demnach ist jedes fünfte Kind durch die derzeitige Form des Schulemachens überfordert und es leiden schon Grundschulkinder unter Erschöpfungsdepression. Die überzogene Leistungsorientierung und die Missachtung der Neigungen von Kindern führt zu einem neuen Krankheitsbild: den »Burnout-Kids« – so der Titel seiner Studie, die durch die Eingangs zitierte Schülerbefragung der Telekomstiftung (2021) aktuell bestätigt wird.

Seit Preußen die allgemeine Schulpflicht einführte, war es das Ziel von Schule, Schüler/innen zu erzeugen, die sich anpassen, um *innerhalb der Vorgaben des Systems* zu funktionieren. Wäre es 200 Jahre später nicht endlich an der Zeit, dieses Ziel zu überdenken?

Was also ist in der Schule wirklich wichtig?

Ein Rückblick in die Entstehungsphase der Pädagogik fördert da Erhellendes zutage: »Erziehung«, schrieb der erste Lehrstuhlinhaber der Pädagogik, Ernst Christian Trapp, 1780, »ist Bildung zur Glückseligkeit.« Und mit dieser Auffassung stand er nicht allein – sie fand sogar ihren Eingang durch Benjamin Franklin in die bis heute gültige Verfassung der Vereinigten Staaten von Amerika, wo der »persuit of happiness« zumindest in der Theorie ein Grundrecht ist. Gut postuliert – doch wie erreicht man diesen Zustand? Auch hier liegen Erkenntnisse vor.

Anerkennung und Befähigung sind die Schlüssel. Beides setzt entsprechend strukturierte Umgebungen voraus. Wenn man den Untersuchungen des Flow-Forschers Milhalyi Csíkszentmihályi glauben darf, erfahren wir Potenzialentfaltung, Kompetenzzuwachs und bisweilen sogar Glück immer dann, wenn wir uns einer selbstgewählten Herausforderung stellen, deren Anforderung leicht über den eigenen Fähigkeiten liegt, aber nicht zu hoch sein darf. Ist sie zu hoch, erleben wir Überforderung und steigen aus, was bis zu 20 Prozent der Schüler dauerhaft machen, weswegen sie dann zu Schulversagern gestempelt werden. Aber auch begabten Personen wie Louise Jacobs oder Henning Mankell droht dieses Schicksal, werden sie doch weder in ihrem »Element« erkannt noch speziell gefördert. Doch in Wahrheit hat in diesen Fällen die Schule versagt, weil sie nicht in der Lage war, die für sie passende Herausforderung zu finden und eine förderliche Umgebung bereitzustellen.

Ist die Anforderung dagegen zu niedrig, langweilen wir uns und lernen nichts, so wie die Schüler/innen der Hamburger LAU-Studie (Aspekte der Lernausgangslage und der Lernentwicklung), die von der achten zur neunten Klasse nicht nur nichts Neues gelernt, sondern auch den erarbeiteten Stoff vergessen hatten. Diese bedauernswerten Schüler/innen haben ihre kostbare Entwicklungszeit sinnlos abgesessen – so wie die 69 Prozent Oberstufenschüler, die als mathematische »Minderleister« eingeschätzt werden – ohne zu berücksichtigen, dass sie an einem Maßstab gemessen wurden – der nicht zu ihrem Element passt.

Wenn ich hier für einen *Paradigmenwechsel hin zu einer wertschätzenden Schule* plädiere, die auf einer *Kultur der Anerkennung* basiert, dann geht es auch darum, dass wir lernen das Individuum mit seinen Möglichkeiten und Grenzen realistisch zu sehen und personenspezifisch entwicklungsförderliche Herausforderungen zu gestalten. In einer wertschätzenden Schule, die darauf ausgerichtet ist, Neigungen zu erkennen anstatt nivellierende Curricula abzuarbeiten, erführe meine Tochter einen erstklassigen Literatur- und Kunstunterricht, der sie fordert und nicht das standardisierte Mittelmaß, und auch die Mathematikbegabten würden endlich auf einem für sie angemessenen Niveau herausgefordert.

Jenseits des Lehrplans

Ich höre schon die Einwände. Wie soll denn das gehen? Jeder nach seinen Neigungen? Wo bleibt denn da die gemeinsame Basis? Sicher brauchen wir ein allgemeines Basiswissen, doch dieses sollte sich auf einen klar begrenzten Bereich beschränken, um Raum für ein Lernen und Lehren jenseits des Lehrplans zu bieten. Denn dort finden, wie meine Beobachtungen zeigen, oft entscheidende, persönlich bedeutsame Lernprozesse statt, die nicht durch Vergleichsarbeiten gemessen werden können, weil sie einmalig und deshalb oft lebensprägend sind. Lehrer/innen brauchen in dieser Perspektive mehr Freiraum, um Lehr-Lernumgebungen zu entwickeln, die sowohl ihre eigenen spezifischen Talente bzw. Neigungen wie auch die ihrer Schüler/innen nutzen und ihre Leidenschaft entzünden. Ich spreche hier bewusst von »Umgebungen« und verwende nicht den Begriff »Unterricht«, denn bedeutungsvolles Lernen findet öfter als wir es meinen *jenseits des Lehrplans* statt.

Ich könnte jetzt Studien zum informellen Lernen anführen, die nahelegen, dass wir zwischen 50 bis 70 Prozent des für uns bedeutsamen Wissens quasi nebenbei in außerinstitutionellen und nichtverschulten Räumen erwerben. Doch die unterschätzte Bedeutung informellen Lernens kann auch jeder – ohne Rekurs auf Studien – durch die Analyse seiner eigenen Erfahrungen erkennen, oder in Geschichten, die Kolleg/innen, Schüler und Eltern über gelingendes Lernen berichten.

Erkennen, wie Lernen gelingt

Weil hier ein unbeachteter Schatz an Wissen über Gelingensbedingungen des Lernens liegt, steht der Austausch über gelungene Lehr-Lernsituationen am Beginn von Pädagogischen Tagen, die ich seit vielen Jahren veranstalte. Der Austausch von Erfolgsgeschichten hat sich als ein wirkungsvolles Mittel erwiesen, um das verborgene Wissen der Vielen freizusetzen und so herauszufinden, wie erfolgreiche Lehr-Lernsituationen gestaltet sind. Schulleitungen, die dieses Verfahren nutzen, können zu Schatzsuchern werden, die die »Weisheit der Vielen«, d.h. verborgenes Wissen über Bedingungen gelingenden Lernens, über das Lehrer, Schüler und Eltern verfügen, freisetzen. Hierzu genügt ein Pädagogischer Tag, an dem die Schlüsselpersonen der Schule zu einem offenen Austausch zusammenkommen. Folgender Ablauf hat sich dabei bewährt:

Anschließend an einen einführenden Vortrag, der die Methode erläutert, beginnen wir mit einer »*Wertschätzenden Befragung*«. Sie ist – wie wir weiter unten sehen werden – ein Kerninstrument Wertschätzender Führung und kann zum schrittweisen Aufbau einer Anerkennungskultur beitragen. Die dahinterstehende These ist, dass die Mehrzahl der Lehrer/innen gute bis sehr gute Arbeit leisten. Aber nicht jeden Tag. Jeder von uns erlebt hin und wieder Situationen, in denen das, was wir uns vornehmen, besonders gut gelingt. In diesen erfolgreichen Situationen sind personenbezogene, aber auch verallgemeinerbare Erfolgsprinzipien enthalten, die zeigen, dass wir alle über ein verborgenes Tiefenwissen verfügen. Die gemeinsame Reflexion von Gelingenssituationen, der erfahrungsbasierte Austausch eröffnet uns den Zugang zu diesem unterschätzten und übersehenen Wissen. In den traditionellen Konzepten der Schulentwicklung wird anders als in der Positiven Pädagogik (Burow 2021, 2. überarbeitete Neuauflage) zu sehr auf das Negative geschaut und damit die bestehende Defizitorientierung von Schule verstärkt – mit problematischen Folgen: Die Fokussierung auf Negatives lähmt, statt zu beflügeln.

Schulinspektion beispielsweise wird von vielen Kolleg/innen häufig als Angriff und Missachtung erlebt und führt nicht selten dazu, dass lediglich Verteidigungsstrategien, »institutionelle Abwehrroutinen«, aufgebaut werden, wie es der Organisationsforscher Argyris nennt. Argyris zufolge lernen die betroffenen Personen und das System tatsächlich in diesem Prozess – aber häufig nicht das, was sich die Inspektoren erhoffen, sondern im Gegenteil, wie sie sich gegen Kontrolle von außen schützen können. Dieses Abwehrverhalten wird schon in der Lehrerausbildung, und hier insbesondere in der zweiten Phase angelegt – etwa in den bewerteten Unterrichtslektionen. Nicht von ungefähr werden sie von den Betroffenen als »Vorführstunden« (vgl. Burow 1992) bezeichnet, weil jeder weiß, dass es sich bei dem, was hier »vorgeführt« wird, um keine normale Unterrichtsstunde handelt, sondern allzu oft um eine Art Zirkusnummer, die die Erwartungen der Prüfer/innen erfüllen soll.

Auch bei den berichteten Erfolgssituationen bzw. Gelingensbeispielen der wertschätzenden Befragung handelt es sich um besondere Situationen, doch sind dies keine Zirkusveranstaltungen, finden diese doch tatsächlich jeden Tag in Schule statt. Sie müssen nicht erst erfunden oder entlang von didaktischen Rastern entwickelt werden, sondern sie entstehen meist spontan, jenseits des Lehrplans und ohne detaillierte Planung.

Wenn also das Ziel eines Pädagogischen Tages die Optimierung des Lehren und Lernens ist, dann bitte ich die Kolleg/innen, sich an eine Situation zu erinnern, in der Lernen bzw. Lehren besonders gelang, in der die Schüler/innen mit höchstem Engagement bei der Sache waren und gute Ergebnisse erzielt wurden. Hierzu erhalten die Beteiligten ein DIN-A4-Blatt, dessen obere Hälfte in zwei gleich große Kästchen unterteilt ist, sodass die untere Hälfte frei bleibt.

In das linke obere Kästchen sollen sie mit Ölkreiden ein Symbol einzeichnen, das den emotionalen Gehalt der Situation bildhaft auf den Punkt bringt; in das danebenstehende Kästchen sollen sie ein Wort oder einen Slogan eintragen, der den Charakter der Gelingenssituation sprachlich verdichtet; auf der unteren Hälfte schließlich sollen sie in wenigen Spiegelstrichen notieren, was die Elemente waren, die diese besondere Situation charakterisierten – die Elemente, die zum Erfolg beitrugen.

Auf diese Weise erhalten wir bei einem Kollegium von 80 Mitgliedern innerhalb von 15 Minuten 80 Erfolgsgeschichten. Anschließend findet der »Marktplatz« statt – d.h. die Kolleg/innen treffen sich mit ihren Blättern im Raum, betrachten die entstandenen Symbole und bilden nach einiger Zeit Gruppen. Der Raum ist jetzt erfüllt von farbigen Symbolen, Sonnen, Herzen, Bäumen etc. und alle sind gespannt, die Geschichten ihrer Kolleg/innen zu hören. War man schon über die Gemeinsamkeiten bei den verwendeten Symbolen überrascht, so wächst das Erstaunen noch, wenn man nach dem Austausch der Geschichten in der Gruppe und im Plenum die Erfolgsprinzipien sortiert. Es handelt sich um einige wenige, die von den meisten Kolleg/innen geteilt werden. Ob im Gymnasium, in der Real-, Haupt- oder Grundschule – immer geht es um Gemeinschaft, Vertrauen, Wertschätzung, Verantwortung, Kreativität und Freiheit.

Aber neben der Erkenntnis eines »gemeinsamen Grundes« (Weisbord 1987), einer Art gemeinsam geteilten pädagogischen Tiefenwissens, besteht die entscheidende Einsicht darin, dass diese Erfolgssituationen häufig dann entstehen, wenn die Kolleg/innen von ihrer Planung abweichen. Etwa wenn ein verzweifelter Hauptschullehrer im sozialen Brennpunkt in Magdeburg seinen Plan über den Haufen wirft und seine scheinbar lernresistenten Schüler fragt: »Wollt ihr denn gar nichts lernen?« »Doch«, sagen sie, »wir möchten einen funktionierenden Gokart bauen.« Tief berührt berichtet uns dieser Lehrer, wie ausgewechselt seine Schüler gewesen seien, als er auf ihren Wunsch eingegangen ist und über drei Monate ein entsprechendes Projekt durchgeführt hat. In den letzten Jahren habe ich eine Vielzahl beeindruckender Berichte gehört, die zeigen, wie Lernen in scheinbar aussichtslosen Situationen gelang. Warum waren die Schüler plötzlich motiviert und warum waren plötzlich engagierte Lernprozesse möglich?

Auf den Kontakt und die Beziehung kommt es an

Den Lehrer/innen, die sich in schwierigen oder gar scheinbar aussichtslosen Situationen gezwungen sehen, ihren Plan zu verwerfen, gelingt es nicht nur, in Kontakt mit den Wünschen ihrer Schüler zu kommen, sondern auch eine neue Form der wertschätzenden Beziehung zu realisieren. Sie kommen endlich bei den Schülern an – etwas, was viel zu selten in der gehetzten und bürokratisierten Schule geschieht.

Ich erinnere mich noch gut an meine Schulzeit an einem Gymnasium in den 1960er-

Jahren. Die Gesellschaft war in fast allen Bereichen im Umbruch, nur die Schule nicht. Während die Beatmusik die Kultur revolutionierte, die Studenten den Aufstand probten und in Vietnam der Krieg tobte, mussten wir in der Schule ein lebens- und gesellschaftsfernes Standardprogramm absolvieren. Die Auseinandersetzung mit den gesellschaftlichen Umbrüchen fand abseits der Schule in unseren informellen Cliquen statt. Hier entwickelten wir – etwa bei der Gründung einer Schülerzeitung, einer Band und in vielen Diskussionszirkeln – die Kompetenzen, die für viele von uns für den späteren Berufs- und Lebenserfolg entscheidend waren.

An dieser Schieflage, der Lebens- und Weltferne der Schule, hat sich bis heute nur wenig geändert, auch wenn die Themen, wie etwa Globalisierung, Individualisierung, Klimawandel und Digitalisierung heute andere sind, weswegen ich ein »Schulfach Zukunft« (Burow 2020) gefordert habe. Dieser Missstand ist umso erstaunlicher, als sich mit den digitalen Medien (vgl. Burow 2014, 2019, 2021) viele Möglichkeiten ergeben, mit vergleichsweise geringem Aufwand den Anschluss zur Welt aus dem Klassenraum heraus herzustellen.

Worum sollte es also in der Schule wirklich gehen?

Wenn Sie die gängige Defizitorientierung von Schule überwinden und den schrittweisen Aufbau einer wertschätzenden Schule anstreben, dann sollte am Beginn eines solchen Entwicklungsprozesses eine Verständigung der Schulgemeinde, also von Lehrer/innen, Schüler/innen und sonstigen an Schule beteiligten Personen darüber stehen, was das wichtigste, von allen getragene Ziel ist. Diese Zielbestimmung sollte unabhängig von den von außen gesetzten Vorgaben erfolgen. Sie sollte auf einem gemeinsamen Selbstreflexionsprozess eigner Erziehungs- und Bildungserfahrungen beruhen. Wertschätzende Schulleitung beruht auf der Wertschätzung der »Weisheit der Vielen«, also des unbeachteten Wissens von Lehrern, Eltern und Schülern. Wertschätzende Schulleitung bewirkt die Freisetzung von unterschätzten und oft verschütteten kreativen Potenzialen.

In unserer von äußerlichen Anforderungen getriebenen globalisierten Wachstums-, Risiko- und Beschleunigungsgesellschaft haben wir den inneren Kompass verloren. Zu viele unterwerfen sich vorgegebenen Zielen, ohne deren Sinn und Berechtigung zu hinterfragen. Die Zunahme der Erfahrungen von Sinn- und Ziellosigkeit, von überzogenem Konsumstreben, Flucht aus der Wirklichkeit und sogar Depression sind in weiten Teilen Folgen dieser mangelnden Reflexion. Wahre Bildung, die auf wertschätzender Kommunikation basiert, kann diese Leerstellen füllen und die Grundlagen legen für ein selbstbestimmtes und erfülltes Leben in der Gemeinschaft.

Aufgabe der Schule ist es in dieser Perspektive nicht, Schüler widerspruchslos an die vorgegebenen Lehrplanvorgaben einzupassen, sondern einen herausfordernden Rahmen zu schaffen, der individuelle Potenzialentwicklung ermöglicht und zum Aufbau eines lebenslang nutzbaren *Freiheitskapitals* beiträgt. Wichtigste Aufgabe wertschätzender Schulleitung ist es, diesen Prozess der Persönlichkeitsbildung zu unterstützen.

Hier stellt sich die Frage: Wo sollen Schulleitungen ansetzen und wie können sie hilfreich sein?

Drei Ziele von Schulentwicklung

Betrachtet man die einschlägige Literatur sowie amtliche Vorgaben, so mangelt es nicht an differenzierten Zielbestimmungen, denen gemeinsam ist, dass sie die Gestaltungsmöglichkeiten von Schulen überschätzen und damit die Grundlage für eine Überforderung aller Beteiligten legen. Um dieser Überforderung zu entgehen, ist es deshalb wichtig, dass die Schulgemeinde und die Schulleitung realistische Prioritäten setzen und sich über ihr wichtigstes Ziel klar werden. Zunächst sollte man sich also darüber klar werden, was die wichtigsten Ziele bei der Entwicklung der eigenen Schule sind. Betrachtet man im Sinne von Komplexitätsreduktion, also Simplexity, die Literatur, dann erkennt man, dass es bei Schulentwicklung – abseits persönlicher Schwerpunktsetzungen – letztlich um drei übergreifende Kernziele geht, die ich in nachfolgender Übersicht dargestellt habe:

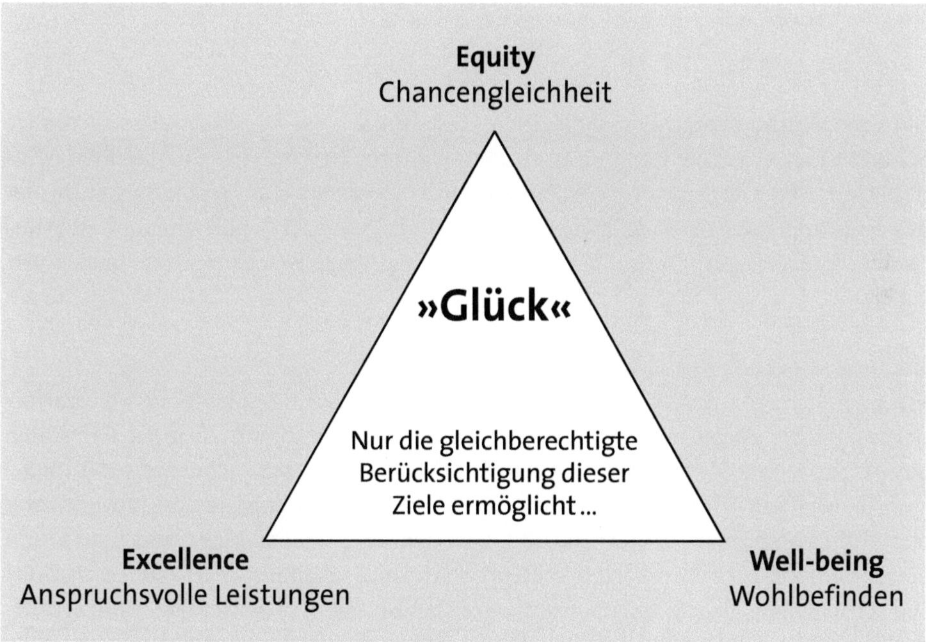

Abb. 1: Drei gleichwertige Ziele der Schulentwicklung

So zeichnen sich »gute Schulen« dadurch aus, dass sie zu Chancengleichheit (equity) beitragen, möglichst viele Schüler/innen zu guten Leistungen führen (excellence) und ein Lehr-Lern- und Schulklima schaffen, das Wohlbefinden (well-being) ermöglicht.

Doch wie sieht die Realisierung dieser Ziele in der Wirklichkeit aus? Betrachten wir zunächst die drei Kernziele nacheinander, um dann zu überlegen, wo geeignete Ansatzpunkte für deren Umsetzung sind.

Ziel 1: Chancengleichheit (equity)

Wenngleich es insbesondere bei der Förderung von Migrant/innen geringe Fortschritte gab, stabilisiert sich doch insgesamt betrachtet Chancenungleichheit (Rolff & Klemm 2015) auf hohem Niveau. Diese betrifft insbesondere Kinder aus benachteiligten Schichten. So muss, um ein Beispiel zu geben, ein begabtes Kind mit Herkunft aus der untersten Dienstklasse noch immer erheblich mehr Leistungspunkte erbringen, um eine Gymnasialempfehlung zu erhalten als ein Kind aus der mittleren oder oberen Kategorie. Von 100 Akademikerkindern nehmen 71 ein Studium auf, während dies nur 24 Kindern von Nichtakademikern gelingt. Die deutsche Schule erweist sich mehr denn je als Selektionsanstalt und versagt im Bereich der Potenzialförderung aller. Reinhard Pollak, Leiter des nationalen Bildungspanels am WZB (Wissenschaftszentrum Berlin für Sozialforschung), sieht denn auch unsere Gesellschaft auf dem Weg zu einer neuen Klassengesellschaft – ein Trend, den die Schule in ihrer gegenwärtigen Verfassung verstärkt, und der – wie Klaus Klemm (2022) in einer DGB-Studie belegt – durch Corona noch dramatisch verschärft wurde.

Ziel 2: Gute Leistungen (excellence)

Ein Problem des deutschen Schulsystems besteht nach wie vor darin, dass zu wenige Schüler/innen ihre Talente optimal entfalten können und zu viele nicht einmal Mindeststandards erreichen: So befinden sich nur 8 Prozent aller Schüler/innen in der Spitzengruppe, während nach wie vor bis zu 20 Prozent der Schüler/innen in der untersten Kategorie verharren und damit nur über geringe Beschäftigungschancen verfügen.

Ziel 3: Wohlbefinden (well-being)

Ein zu hoher Prozentsatz von Lehrer/innen und Schüler/innen leidet unter Überforderung bis hin zu gesundheitsschädigenden Erscheinungen, wie auch das Gutachten des bayrischen Aktionsrats Bildung (2014) belegt. Die deutsche Schule ist – der Inklusionsdebatte zum Trotz – nach wie vor durch eine zu starke Ausrichtung auf Selektion statt Förderung charakterisiert. Sie setzt Lehrer/innen, Schüler/innen und auch Eltern zu sehr unter Druck. Was Letztere betrifft, so diagnostiziert der Soziologe Heinz Bude (2011) in seiner gleichnamigen Studie »Bildungspanik«. Insbesondere bildungsbürgerliche Eltern befürchten, dass ihre Kinder sozial absteigen könnten, und versuchen alles, um hohe Bildungsabschlüsse zu erreichen. Ungeachtet der individuellen Voraussetzungen kämpfen sie dafür, dass ihre Kinder aufs Gymnasium gehen, buchen Privatschulen und Nachhilfeeinrichtungen. Bildungspanik der Eltern angesichts eines selektierenden Schulsystems trägt nicht zu Wohlbefinden bei, sondern setzt Kinder unter Druck und erzeugt bisweilen sogar Burnout-Kids.

Aber nicht nur viele Kinder werden so – je nach Maßstab – unter- oder überfordert, es trifft auch viele Lehrer/innen. Wie nämlich Lehrerbelastungsstudien und Untersuchungen der Krankenkassen immer wieder zeigen, ist die deutsche Schule für zu viele Lehrer *und* Schüler ein Ort überhöhter Belastungen und für zu wenige einer des Wohlbefindens. Wir können diesen Befund, was die Lehrer/innen betrifft, bestätigen. So haben unsere eigenen Beobachtungen aus den bereits oben erwähnten Befragungen von ca. 2 000 Schulleitungskräften an der Deutschen Akademie für Pädagogische Führung (DAPF) von 2007 bis 2021 ergeben, dass sich die Mehrzahl unserer Teilnehmer/innen unter Zeitdruck stehend, eingeengt durch bürokratische Vorgaben und überlastet durch zu viele Anforderungen beschreibt. Corona hat die Überlastung noch verstärkt.

Kernziele verfehlt

Wenn ich die wissenschaftlichen Einsichten zum Realisierungsgrad der drei Kernziele zusammenfasse, fällt die Bilanz ernüchternd aus. In allen drei Bereichen finden wir dramatische Defizite. Wenn Führung das Umsetzen von Zielen bedeutet, dann stellt sich die Frage, was Schulleitungen tun können, um die gesetzten Kernziele zu erreichen und die diagnostizierten Defizite zu überwinden.

Dabei gilt, wie ich zeigen werde: Chancengleichheit, gute Leistungen und Wohlbefinden bedingen einander. Mehr noch: Die Erfahrung von Lernfreude, Wohlbefinden und bisweilen auch Schulglück ist nur möglich, wenn wir auf allen drei Ebenen deutliche Fortschritte erzielen. Doch wie und durch welche Maßnahmen können Schulleitungen etwas zur Annäherung an die drei Kernziele beitragen? Handelt es sich bei diesen Zielsetzungen nicht um eine weitere Überforderung der ohnehin belasteten Kolleg/innen? Um illusionäre Vorstellungen zu vermeiden und machbare Wege zu finden, sollte man die Frage anders stellen: An welchen Punkten können wir ansetzen, um – ohne Überforderung – messbare Wirkungen zu erzielen? Wenn Sie nun die drei Kernziele aus diesen Blickwinkel betrachten, inwieweit können sie überhaupt Schulleitungsaufgabe sein?

Chancengleichheit (equity) – eine Schulleitungsaufgabe?

Was die Chancengleichheit betrifft, fällt das Urteil vernichtend aus. Während zu Zeiten der sozialdemokratischen Bildungsreform in den 1970er-Jahren hier noch Fortschritte erzielt wurden, hat sich die Lage seit der neoliberalen Wende in den 1990er-Jahren dramatisch verschlechtert. Und auch die »Reformen« im Gefolge der PISA-Untersuchungen haben hier kaum etwas verbessert. Wie kann das sein, wurden doch seitdem eine Vielzahl von Maßnahmen eingeleitet und Schulen unter einen massiven Entwicklungsdruck gesetzt? Zu mehr Chancengleichheit haben diese Maßnahmen jedenfalls nicht geführt, und man könnte mit dem Philosophen Paul Virilio von »rasendem Stillstand« sprechen: Alle rennen mit höchster Energie auf das Ziel zu – doch der außenstehende Beobachter erkennt, dass es sich um ein Rattenrad handelt, das sich nur immer schneller im Kreise dreht, bis die Teilnehmer/innen dieser sinnlosen Kraftanstrengung entkräftet und resigniert zu Boden sinken. Überzeichne ich? Nach meinen Beobachtungen herrscht in vielen Kollegien bei einem zu großen Teil genau dieses Gefühl von sinnloser Anstrengung, Überforderung und auch Resignation. Schule wird aller Reformlyrik zum Trotz als Tanker erlebt, der unbeirrt seiner alten Route folgt und sich kaum umsteuern lässt.

Wenn man sich fragt, woran das liegen könnte, dann findet man eine Reihe von Erklärungsmöglichkeiten. Am meisten sticht die dramatische Zunahme gesellschaftlicher Ungleichheit ins Auge. Hans-Ulrich Wehler (2013), renommierter Geschichtswissenschaftler, hat unter dem Titel »Die neue Ungleichheit« eine Untersuchung zur veränderten Armuts- bzw. Reichtumsverteilung im Gefolge von neoliberaler Wende und Finanzkrise vorgelegt, dessen Ergebnisse er pointiert zusammenfasst: »Die deutschen Reichen waren in der unmittelbaren Gegenwart noch nie so reich. Die Kluft zwischen ihnen und der ›normalen‹ Bevölkerung hat sich noch nie so tief geöffnet« (2012, S. 73). In Zahlen: Besaßen im Jahr 2000 5 Prozent der Bevölkerung rund die Hälfte des gesamten Vermögens, während die ärmeren 50 Prozent über 2 Prozent verfügten, so hatten sich bis 2010 die oberen 10 Prozent zwei Drittel des gesamten Geldvermögens angeeignet, die obersten 1 Prozent sogar 35,8 Prozent.

Vielleicht fragen Sie sich jetzt, was diese Zahlen mit Schulentwicklung zu tun haben. Nun, wenn in Großstädten wie Berlin ein erschreckend hoher Prozentsatz von Schüler/innen auf Hartz IV-Niveau startet, dann hat dies massive Auswirkungen auf ihre Aufwachsensbedingungen und Bildungschancen. Schule ist überfordert, wenn sie diese gesellschaftlich bedingten und offenbar auch gewollten Ungleichheitsvoraussetzungen ausgleichen soll. Unter solchen Rahmenbedingungen ist es kein Wunder, dass die Chancengleichheit stagniert.

Fassen wir zusammen: Die Gewährleistung von Chancengleichheit ist von Schulleitungen nur in einem äußerst geringen Maß beeinflussbar. Schule und Schulleitungen sollten sich von der Illusion verabschieden, sie könnten gesellschaftliche bedingte Ungleichheiten beseitigen. Hier ist eher politisches als pädagogisches Engagement gefordert, auch wenn Studien zeigen, dass es etwa dem kanadischen Schulsystem graduell besser als dem deutschen gelingt, Chancengleichheit zu fördern. Ohne Veränderung der politischen Rahmenbedingungen bleibt dies aber Kosmetik, erzeugt Illusionen und verführt Lehrer/innen zur Fehlallokation ihrer begrenzten Einwirkungsmöglichkeiten.

Spitzenleistung (excellence) – eine Schulleitungsaufgabe?

Auch was den Bereich der Erzielung von Spitzenleistungen betrifft, sind die Ergebnisse der internationalen Schulleistungs-Vergleichsuntersuchungen wenig ermutigend. Demnach bringt Singapur bis zu 26 Prozent eines Jahrgangs an die Spitze – gemessen in PISA-Punkten, während Deutschland bei ca. 8 bis 10 Prozent verharrt. Nun wird kaum jemand einem Schulsystem, wie es asiatische Tigerstaaten charakterisiert, das Wort reden. Und selbst dort wachsen inzwischen Zweifel, ob eine straff geführte Paukschule, die mit Druck, Frontalunterricht, Stoffhuberei, scharfer Konkurrenzorientierung, drakonischen Prüfungen und einer radikalen Auslese arbeitet, zukunftsfähig ist. Diese Gesellschaften befinden sich in einem anderen Stadium der Entwicklung und weisen andere kulturelle Traditionen auf, die nicht auf Deutschland übertragbar sind.

Allerdings bleibt der Befund bestehen, dass es deutschen Schulen offenbar zu wenig gelingt, die zweifellos vorhandenen Leistungspotenziale ihrer Schüler/innen optimal freizusetzen. Eine Ursache, die ich oben bereits erwähnt habe, liegt in der unzureichenden Realisierung von Chancengleichheit, weil damit Potenziale benachteiligter Bildungsschichten nur unzureichend oder nicht genutzt werden. Dies kann – wie wir gesehen haben – nicht allein durch Maßnahmen der Einzelschule, sondern in erster Linie durch die Erzeugung von politischem Druck wirkungsvoll beeinflusst werden.

Doch was die Ermöglichung von Spitzenleistungen betrifft, sind die Gestaltungsfantasie und das Organisationstalent von Schulleitungen durchaus gefordert. Als Experten für Lehren und Lernen ist es eine ihrer wichtigsten Aufgaben, Initiativen anzuregen, die auf eine Modernisierung eines in seinen Grundfesten veralteten Schul- und Unterrichtssystems abzielen. Wie wir sehen werden, zeichnet dieses Engagement gute Schulleitungen aus.

Wie der britische Kreativitätsforscher Sir Ken Robinson in einem 11-minütigen YouTube-Video (»Changing Education Paradigms«: www.youtube.com/watch?v=zDZFcDGpL4U) in unübertroffener Prägnanz zeigt, gilt es den Übergang von einer Pädagogik des Industriezeitalters zu einer Pädagogik des »Digital Age« zu gestalten. Ich habe an anderer Stelle (Burow 2014) dafür die Unterscheidung zwischen drei Arten der Pädagogik vorgeschlagen:

- *Pädagogik 1.0* bezeichnet das informelle, unverschulte Lernen, das wir von Kindesbeinen an meisterlich beherrschen und auf dem bis ins hohe Erwachsenenalter ein großer Teil unseres Wissens und vor allem unserer Kompetenzen beruht. Kinder haben bis zum Eintritt in die Schule fast alles ohne gezielte didaktische Belehrung erworben, denn Lernen ist ein mit Lust besetztes Grundbedürfnis des Menschen. Wir können gar nicht verhindern, dass Kinder unablässig lernen. Wenn dem so ist, und Lehr-Lern- sowie Hirnforschung weisen in diese Richtung, warum bekommen viele Kinder ausgerechnet dann Schwierigkeiten mit dem Lernen, wenn sie in eine Einrichtung kommen, die für die Befriedigung dieser Lust konzipiert wurde: die Schule?
- *Pädagogik 2.0* – Wie ich in »Digitale Dividende« (2014) unter Bezugnahme auf Ken Robinsons Thesen beschrieben habe, ist eine Ursache die Fixierung auf Pädagogik 2.0. Darunter verstehe ich die Form der Pädagogik, die sich zu Beginn der industriellen Revolution und im Gefolge von Preußen durchgesetzt hat: Seitdem werden Schüler/innen nach Alterskohorten in Jahrgangsklassen in von der Lebenswelt abgeschlossenen Räumen sortiert und sollen sich nach Logik der Massenproduktion

ein Standardcurriculum aneignen, indem sie fließbandmäßig vorrücken, wobei der »Ausschuss« aussortiert wird. Kennzeichen dieses Systems ist die Normierung der Inhalte und eine scheinbare Gleichbehandlung, die sich auch in den vereinheitlichten Abschlussprüfungen zeigt. Ich habe dafür, angeregt durch Gunther Dueck, das Bild der holländischen Tulpenproduktion gefunden: Hier ist jede Tulpe von gleicher Qualität, nur hat sie ihre Individualität verloren. Die holländische Tulpe beschreibt das Ideal der Massenproduktion: Unterschiede ausmerzen und für gleichbleibende Qualität sorgen. Allerdings sind Kinder keine Tulpen und außerdem verabschieden wir uns in Zeiten der Digitalisierung fast aller Lebensbereiche von der Massenproduktion. Die Nutzung und Erzeugung von Vielfalt, also die Schaffung vielfältig gemischter Blumenwiesen, erweist sich vielmehr als Metapher für ein zukunftsfähiges Bildungssystem, denn wie der amerikanische Sozialpsychologe Howard Gardner gezeigt hat, verfügen Kinder (und Erwachsene) über eine spezifische Mischung multipler Intelligenzen: Kein Kind ist wie das andere und deshalb brauchen Schüler/innen Zugänge (z.B. Lerngegenstände, Lernwege, Lerntempi etc.), die auf ihre individuellen Begabungen, ihr spezifisches Profil zugeschnitten sind. Und hiermit wären wir bei:

- *Pädagogik 3.0* – Hierunter verstehe ich die neue, gerade im Entstehen begriffene Form der Pädagogik, die in Zeiten von Globalisierung und Digitalisierung gefordert ist. Hier geht es nicht mehr darum, dass alle das Gleiche lernen, sondern dass jeder sein Potenzial entfalten und damit sein Alleinstellungsmerkmal entwickeln kann. Angesichts der Breite individueller Begabungen und Neigungen erweist sich die Sortierung nach Alterskohorten in vielen Fällen als ungeeignet. Aufgrund der digitalen Medien wandelt sich zudem die Rolle des Lehrers. Die Vermittlung von Basiswissen kann zunehmend an Lernplattformen wie der kostenfrei zugänglichen Khan-Academy ausgelagert werden, denn sie ermöglichen endlich eine binnendifferenzierte, auf den Entwicklungsstand des Schülers zugeschnittene, passgenaue Lernförderung, die auch unter dem Namen »inverted classroom« bekannt geworden ist (vgl. Burow 2015). Aufgabe der Lehrer/innen wird es in der neuen Lernwelt, den Zeitgewinn durch solche Plattformen dafür zu nutzen, sich von ihrer tradierten Rolle als »Unterrichter« zu lösen, um sich stärker darauf zu konzentrieren, Begabungen zu erkennen, passende Lernumgebungen zu designen und projektbezogenes Teamlernen zu unterstützen.

Pädagogik 2.0 mit der Tendenz zur Vereinzelung der Schüler/innen, der Konzentration auf das Nachlernen bekannter Lösungen und deren Reproduktion und Abfrage vermittels standardisierter Vergleichsarbeiten war zweifellos wichtig für den sagenhaften gesellschaftlichen und wirtschaftlichen Aufschwung im Zeitalter der Massenproduktion – doch heute geht es, wie Trilling und Fandel bereits 2009 ausführten, um die Entwicklung der »21st Century Skills«: kritisches Denken und Problemlösen/Kommunikation und Kollaboration/Kreativität und Innovation. Hierzu brauchen wir eine neue Pädagogik, einen grundlegenden Wandel der Schul- bzw. Unterrichtskultur, und wer, wenn nicht Schulleitungen sind gefordert, diesen voranzutreiben.

Fassen wir zusammen: Kernziel 2, die Schaffung von lernförderlichen Umgebungen, die die Wahrscheinlichkeit der Erzielung guter Leistungen erhöhen, ist eine wichtige Schulleitungsaufgabe, und hier können Schulleitungen – wie wir weiter unten sehen werden – durchaus messbare Wirkungen erzeugen.

Wohlbefinden (well-being) – eine Schulleitungsaufgabe?

Wenn die Erhöhung der Chancengleichheit bzw. Chancengerechtigkeit eine Herausforderung ist, die die Möglichkeiten der Einzelschule überfordert, die Veränderung der Lehr- und Lernkultur aber im Einflussbereich von Maßnahmen der Schulleitung ist, wie verhält es sich dann um den Bereich Wohlbefinden? In traditioneller Sicht ist Schule in erster Linie zur Vermittlung von Wissen sowie entsprechender Kompetenzen da – was haben da die Förderung von Wohlbefinden oder gar Glück zu suchen?

Betrachtet man erfolgreiche asiatische Schulsysteme, dann scheint ein Teil ihres Erfolges in der Tat darin zu liegen, dass sie diesen Bereich ignorieren und sich konsequent auf die Erzielung von Spitzenleistungen konzentrieren, wozu ein rigides Prüfungs- und Auslesesystem beitragen. Thomas Friedmann, einflussreicher »New York Times«-Kolumnist, hat dieses System in seinem Bestseller »Die Welt ist flach« (2006) nicht nur in den höchsten Tönen gelobt, sondern sogar als Vorbild für die Modernisierung westlicher Bildungssysteme empfohlen. Während wir unsere Kinder unterforderten, so Friedmann, und deshalb Gefahr liefen, im globalen Wettbewerb um Spitzenleistungen ins Hintertreffen zu geraten, lernten Schüler/innen dort bis zu 20 Stunden am Tag; und wenn die Schule gegen 16 Uhr endlich endet, erlauben sich asiatische Schüler/innen nur eine kurze Pause, um unmittelbar anschließend bis spät in die Nacht an einer der privaten Nachhilfeschulen sich das geforderte Prüfungswissen einzubimsen, denn sie wissen: Wenn ich die Abschlussprüfung nicht bestehe, habe ich kaum noch Aufstiegschancen.

Wie dieser Schulalltag aussieht, in dem die Schüler ihre Mitschüler als zu bekämpfende Konkurrenten um die knappen Aufstiegsplätze betrachten, schilderte mir meine koreanische Doktorandin, die nicht von ungefähr über die Ursachen für die hohe Zahl der Schülerselbstmorde in Korea forschte. Wer mehr als fünf Stunden schlief, so teilte sie mir aus ihrer eigenen Schulzeit mit, galt schon als Versager. Lernen bis zur völligen Erschöpfung ist die Devise. Sieht so ein nachahmenswertes Vorbild für uns aus?

Angesichts solcher Schilderungen überraschte es mich nicht, als ich vor Kurzem die Einladung einer koreanischen Lehrerbildungsfakultät erhielt, um über mein Buch »Positive Pädagogik – Sieben Wege zu Lernfreude und Schulglück« (2011/2021 – überarbeitete Neuauflage) zu referieren. Auch in Korea rührt sich Widerstand, beginnen aufgeklärte Kreise umzudenken, denn sie erkennen, was wissenschaftliche Forschungen von der Lernpsychologie über die Begabten- bis zur Hirnforschung übereinstimmend festgestellt haben, dass nämlich Spitzenleistung und Wohlbefinden keine Gegensätze sein müssen, sondern dass sie sich ganz im Gegenteil gegenseitig bedingen.

Eine Zusammenfassung solcher Forschungsergebnisse können die am Detail interessierten Leser/innen in »Positive Pädagogik« nachlesen. Da es mir im Rahmen dieses Bandes um Anregungen für eine veränderte Führungspraxis geht, beschränke ich mich auf die Benennung der wichtigsten Erkenntnisse, die – wie die nähere Betrachtung zeigt – nicht so neu sind, wie es erscheint.

So wies der bereits erwähnte erste Lehrstuhlinhaber der Pädagogik, Ernst Christian Trapp, schon 1780 in Halle mit seiner Formel »Erziehung ist Bildung zur Glückseligkeit« die Richtung, in die wir gehen müssen, wollen wir Erziehung und Bildung aus den Zwängen eines verkürzten Leistungsbegriffs befreien. Auch andere Reformer aus den Frühzeiten staatlicher Bildung wussten, dass die Aufgaben von Schule und Bildung sich nicht auf ein beziehungsloses Pauken von Fachinhalten reduzieren lassen. So formulierte Johann Heinrich Campe 1832 die zeitlos gültige Einsicht:

»Du bist nicht Seele allein, du hast auch Körper, und deine Seele ist nicht bloß Verstand, sie ist auch Herz, nicht bloß Erkenntniskraft, sondern auch Empfindungsvermögen …

Die Glückseligkeit wird verringert, in dem Maße, in dem die Bildung vereinseitigt wird.«

Diese schon vor fast 200 Jahren beklagte Vereinseitigung der Bildung ist unter dem Vorzeichen globaler Konkurrenz der Bildungssysteme und als eine unbeabsichtigte Nebenfolge der PISA-Untersuchungen auf die Spitze getrieben worden. Allerdings haben diese Maßnahmen nur in wenigen Teilbereichen die angezielten Ergebnisse erreicht. Gleichzeitig gingen sie aber auf Kosten des Wohlbefindens einer zu großen Zahl von Lehrer/innen und Schüler/innen, das legen jedenfalls die Übersichtsstudie des Bayrischen Aktionsrats Bildung zur Belastung im Pädagogenberuf (2014) ebenso nahe wie Schulte-Markworts Burnout-Kids (2015) und Untersuchungen der Krankenkassen. Der Druck auf Lehrer/innen und Schüler/innen hat sich deutlich erhöht, durch Corona noch gesteigert und äußert sich aufseiten der Lehrer/innen in – im Vergleich zu anderen Berufsgruppen – hohen, vorwiegend psychischen Erkrankungsraten bis hin zum Burnout. So sind laut Schaarschmidts bekannter Lehrerbelastungsstudie (2005) ca. 30 Prozent der Lehrer/innen im Belastungsmodus, 29 Prozent im Burnout und nur 17 Prozent im Modus »Gesundheit«.

Der Vergleich mit anderen Berufsgruppen legt den Verdacht nahe, dass der Arbeitsplatz Schule besonders gesundheitsgefährdend ist. So müssen Lehrer/innen an einem Unterrichtsvormittag erheblich mehr Interventionen vornehmen als beispielsweise Fluglotsen. Diese werden allerdings alle zwei Stunden abgelöst.

Die Studien zur Lehrerbelastung liefern aber auch Hinweise für Möglichkeiten des Abbaus von Belastungen. Demnach haben Schulleitungen mit der Art ihrer Führung und durch Unterstützung überforderter Kolleg/innen einen entscheidenden Einfluss auf das Engagement und das Wohlbefinden ihrer Lehrkräfte.

Ein weiterer Schlüssel besteht im Aufbau einer wertschätzungsbasierten Teamkultur, die Lehrer/innen und Schüler/innen gleichermaßen einbezieht. Denn, wie unsere eigenen Untersuchungen zeigen, überfordert die Vielzahl unterschiedlicher Anforderungen und der Umgang mit Schüler/innen, von denen ein wachsender Teil in einer medialen Zerstreuungskultur aufwächst, viele Lehrer/innen. Ein seit Jahren beklagtes entscheidendes Manko besteht darin, dass Lehrer/innen in ihrer überwiegenden Mehrzahl noch immer als Einzelkämpfer tätig sind. Im Zeitalter der Vernetzung und der Connectivity, der teamorientierten Kollaboration, ist die schulische Lehr-Lernkultur noch zu oft im letzten Jahrhundert steckengeblieben. Und dies hat Folgen – sowohl für den Arbeitsaufwand der Lehrer/innen, die Lehr-Lernkultur ihrer Schüler/innen als auch für die Belastungssituation insgesamt.

Dabei zeigen Studien, dass eine entwickelte Teamkultur nicht nur die Lehr-Lernergebnisse verbessern kann, sondern auch zu einer Verringerung des Krankenstandes sowie zur Erhöhung des Wohlbefindens beiträgt.

Wir brauchen die wertschätzende Schule

Wenn wir vor dem Hintergrund solcher Einsichten unsere drei Kernziele betrachten, dann wird deutlich, dass sie alle wichtig sind, aber die Förderung einer Kultur der Anerkennung und des Wohlbefindens die wichtigste Schulleitungsaufgabe ist. Warum?

Schulen, in denen sich Lehrer und Schüler wohlfühlen, zeigen in der Regel bessere Leistungsergebnisse, geringere Krankenstände und mehr Engagement. Und das Beste: Schulleitungen haben durch ihre Art der Führung in diesem Bereich die größten Einflussmöglichkeiten.

So ergab eine Befragung von 2 000 Lehrkräften an 198 Schulen, dass der Grad der Unterstützung durch die Schulleitung *das einzig prädiktive Merkmal für Lehrerengagement* war. Und es kommt noch besser. Engagement, nicht Schonung erwies sich als wirksamer Burnout-Präventionsfaktor. Wenn es Schulleitungen also gelingt, durch den allmählichen Aufbau einer Teamkultur und die schrittweise Entwicklung eines Klimas der Wertschätzung das Engagement der Kolleg/innen für die Optimierung ihrer Erziehungs- und Unterrichtsarbeit zu steigern, dann tragen sie nicht nur zur Verbesserung der Leistungsergebnisse bei, sondern sorgen auch für einen Abbau von Belastungen. Warum das so ist und wie das gehen kann, werden wir weiter unten anhand einer Darstellung der drei mal drei Faktoren des Leadership-Kompasses sehen.

Fassen wir zunächst zusammen: Die Förderung von Wohlbefinden ist Schulleitungsaufgabe Nummer 1, weil Schulleitungen hier mit überschaubarem Aufwand in vergleichsweise kurzen Zeiträumen messbare Wirkungen erzielen können, die auch auf die übrigen Bereiche ausstrahlen. Ein zentraler Punkt bei der Förderung von Wohlbefinden ist der Aufbau einer Kultur der Wertschätzung.

Warum Wertschätzung der Schlüssel ist

Ein wirksames Instrument für die Etablierung einer Kultur der Wertschätzung an der eigenen Schule ist die *Wertschätzende Führung.* Sie bezieht sich auf den Umgang mit allen an Schule beteiligten Personen, also Lehrer/innen, Schüler/innen, Eltern, sonstiges Personal sowie Schulträger und Schulaufsicht, und zielt darauf ab, Anerkennung auf allen Ebenen der Schulentwicklung zu verankern.

Bedingungslose positive Wertschätzung, auch als *Akzeptanz* bezeichnet, gehört zusammen mit *Empathie* (Einfühlung in die Erlebenswelt des Gegenübers) sowie *Kongruenz* (in Übereinstimmung mit sich/authentisch sein) zu den Grundhaltungen der klientenzentrierten Gesprächstherapie Carl Rogers. Wie seine Studien gezeigt haben, führt eine wertschätzende, den anderen in seinem Sosein akzeptierende, einfühlende und authentische Haltung dazu, dass das Gegenüber seinen Selbstwert erkennt, seine Selbstwirksamkeit erhöht und sich selbst besser versteht. Eine wertschätzende Haltung führt demnach auch außerhalb therapeutischer Situationen zu einer entwicklungsförderlichen Kommunikation für alle Beteiligten.

Bevor wir weitere wissenschaftliche Einsichten betrachten, die belegen, warum eine wertschätzende Haltung und die daraus resultierende Wertschätzende Führung zentrale Schlüssel zur Entwicklung einer »guten Schule« sind, möchte ich kurz auf den Wandel der Führung allgemein eingehen. In fast allen gesellschaftlichen Bereichen, ob es sich um die Wirtschaft, die Politik oder eben die Bildung handelt, steht nämlich ein Abschied vom Top-down-Denken an und sind neue Führungsmodelle gefordert.

Vier Stufen der Führung

Im Bereich der Wirtschaft dominierten lange Zeit Modelle zentralisierter, hierarchischer, besitzergesteuerter Führung (Stufe I), deren Nachteile in einem Zwischenschritt durch Formen der Dezentralisierung und Teilautonomie von Unterabteilungen ausgeglichen werden sollten (Stufe II). Hier wurden die Mitarbeiter zwar stärker beteiligt, aber über weitgehend vorgegebene Zielvereinbarungen geführt. Zurzeit erleben wir bei innovativen Unternehmen, etwa aus dem Silicon Valley, offenere Führungsformen über mehr oder minder eng gekoppelte Netzwerke, die weitgehend von den Beteiligten selbst über Aushandlungsprozesse gesteuert werden (Stufe III). Folgt man dem MIT (Massachusetts Institute of Technology)-Organisationsforscher C. O. Scharmer, sind die Stufen I bis III noch dem »Ego-System« der Wirtschaft verpflichtet, da sie die Eigeninteressen des jeweiligen Unternehmens in den Vordergrund stellen, ohne in angemessener Weise die absehbaren Zukunftsherausforderungen einer rasant sich entwickelnden globalisierten Risikogesellschaft zu berücksichtigen. Diese Führungsformen, die zweifellos zum ökonomischen Erfolg unserer Gesellschaften beigetragen haben, erweisen sich zunehmend als dysfunktional, weil sie dabei sind, unsere ökologischen Grundlagen zu zerstören, die Basis unseres gesellschaftlichen Zusammenlebens aufzulösen sowie unsere gesundheitlichen und spirituellen Bedürfnisse zu missachten.

So diagnostiziert Scharmer (2013) drei grundlegende Spaltungen, die zugleich negative Rahmenbedingungen zukunftsfähiger Führungsmodelle benennen:

(1) Die Spaltung zwischen Mensch und Natur, die in die ökologische Krise mündet
(2) Die Spaltung zwischen Mensch und Mensch, die neben anderem im wachsenden Gegensatz zwischen Arm und Reich kulminiert
(3) Die Spaltung zwischen Mensch und sich selbst, die in Überforderung, Depression und eine spirituelle Krise mündet

Alle diese Spaltungen berühren auch ganz unmittelbar elementare Herausforderungen, vor denen Bildungseinrichtungen im Allgemeinen und Schulen im Besonderen stehen:

So stehen Schulen – was die Spaltung zwischen Mensch und Natur betrifft – vor der Herausforderung, nicht nur Bildung für nachhaltige Entwicklung (BNE) zu betreiben, sondern darüber hinaus auch die Organisation von Schule insgesamt an dem Prinzip der Nachhaltigkeit zu orientieren.

Was die Spaltung zwischen Mensch und Mensch betrifft, so sind Schulen nicht nur durch die wachsende Ungleichheit der Bedingungen des Aufwachsens von Kindern und Jugendlichen betroffen, sondern auch über die wachsende Zahl von Migranten, Flüchtlingen und einer Reihe anderer Probleme, die aus der gesellschaftlichen Ungleichheit resultieren.

Und auch der dritte Punkt, die Spaltung zwischen Mensch und sich selbst, offenbart sich im Schulalltag an Sinndefiziten, aber auch in der Zunahme von Überforderungserscheinungen bis hin zu psychischen Erkrankungen, die darauf hindeuten, dass viele Schulen zu entseelten Anstalten degenerieren.

Hieraus ergeben sich aus Scharmers Sicht neue Führungsanforderungen, die er für den Bereich der Wirtschaft in der Entwicklung von Formen intentionsgesteuerter Führung sieht. Diese beruhen auf umfassender Beteiligung in Form von ko-kreativen Zukunftsgestaltungsprozessen, die am Gemeinwohl bzw. dem Aufbau eines zukunftsfähigen Ökosystems orientiert sind. Mit seinem visionären Entwurf zielt Scharmer auf den Übergang vom »Ego-System der Wirtschaft zum Öko-System«.

Wertschätzung, im Sinne der Beachtung und Förderung von Vielfalt, wird hier in einer umfassenden, alle Systemaspekte einbeziehenden Perspektive gesehen. Hier stellt sich die Frage: Welche Konsequenzen ergeben sich aus dieser »ganzheitlichen« Sicht für neue Formen der Führung in der Schule?

Von der Lehrer- über die Test- zur Lerner-Steuerung

Während Pädagogik 1.0 ohne explizite Führung auskommt, weil informelles Lernen quasi naturwüchsig erfolgt, durch unseren inneren Rhythmus und die Wirkungen sozio-kultureller Felder gesteuert ist, zeichnet sich Pädagogik 2.0 zunächst durch eine input-zentrierte Autoritätssteuerung aus. Jahrzehntelang war der Lehrer der fast unumschränkte Herrscher im Klassenraum, der mithilfe eines staatlich abgesicherten Gewaltverhältnisses – bestehend aus Schulpflicht, Notendruck, Sanktionsmacht und bis in die 1960er-Jahre hinein sogar mit Rohrstock (was ich noch selbst an einem Gymnasium erlitt) – dafür sorgte, dass die Schüler/innen dem vorgegebenen Lehrplan folgten, allzu oft unabhängig von ihren eigenen Interessen. Im Gefolge von PISA wurde diese Inputsteuerung durch eine outputorientierte Teststeuerung abgelöst, die nun auf Kompetenzmessung beruhen soll. Ziel ist es – abgesichert durch Standardisierung und zentrale Abschlussprüfungen bzw. Tests –, alle Schüler je nach Schultyp auf ein einheitliches Niveau zu bringen. Dadurch wird die Steuerung entpersonalisiert, stärker nach außen verlegt und quasi an scheinbar neutrale Instanzen delegiert, die einer vorgegebenen Sachlogik folgen. Was auf den ersten Blick der Qualitätssicherung dient und als Entlastung der Lehrer/innen erscheint, sind doch die Steuerung und Kontrolle nach außen verlegt, erweist sich bei näherer Betrachtung als Enteignung von vormaliger Gestaltungsfreiheit sowie eine Zunahme von fremdbestimmter Kontrolle.

So sollen Erkenntnisse der empirischen Bildungsforschung eine »Evidenzbasierung« des Lehrens ermöglichen, sodass pädagogische Führung nicht mehr zufällig, beliebig oder gar willkürlich erfolgt, sondern sich aus den objektiven Kompetenzanforderungen sowie den allgemeinen Gesetzen erfolgreichen Lehrens und Lernens ergibt. Dieses schöne Bild »objektiver Führung« ist – wie die Erfahrung zeigt – allerdings nicht mit der Vielfalt von Lehrer- und Schülertypen sowie den widerständigen Praxisanforderungen so in Einklang zu bringen, dass sich hieraus universell anwendbare alltagstaugliche Orientierungen ergeben könnten. Und dies liegt nicht zuletzt daran, dass Lernen und Lehren letztlich Vorgänge sind, die nur begrenzt operationalisierbar sind, werden sie doch durch eine unendliche Zahl von Persönlichkeitsmustern, Gruppendynamiken, Rahmenbedingungen und Handlungssituationen, die sich gegenseitig beeinflussen, geprägt. Lehren und Lernen sind – trotz allgemeiner Gesetzmäßigkeiten – letztlich in beträchtlichem Ausmaß einzigartig und unwiederholbar. Das haben die Technokraten der schönen neuen Lernwelt übersehen, doch Lehrer/innen wissen dies längst und unterlaufen fremdbestimmte Steuerungs- und Kontrollmodelle, die ihnen bestimmte Handlungsweisen nahelegen, durch eigensinnige Uminterpretationen. Dies ist eine der Ursachen, warum Top-down-Steuerung so wenig funktioniert.

Drei Stufen pädagogischer Führung

Ungeachtet dieses kontrovers zu bewertenden Umstands lässt sich – anknüpfend an die oben benannten Führungsstufen Scharmers – im Schulbereich eine analoge Stufenfolge in der Entwicklung pädagogischer Führungsformate feststellen:

So befinden wir uns derzeit mitten im Übergang von der Lehrersteuerung (Stufe I), über die Teststeuerung (Stufe II) hin zu einer Lernersteuerung (Stufe III). Diese

Lerner-Steuerung, in der – wie es Michael Schratz ausdrückt – die Perspektive der Lernenden, also der Blickwinkel »lernseits« (Empathie für die Erlebenswelt der Schüler/innen) ins Zentrum rückt, weist in Richtung meiner Kategorie »Pädagogik 3.0«, die auf einen Übergang zum Lernen in Freiheit und zur Förderung von individueller bzw. kollektiver Kreativität abzielt. Oder um es mit der vielzitierten Metastudie John Hatties zu sagen: Es geht darum, Lern-, Erziehungs- bzw. Führungsprozesse vor allem aus der Sicht des Schülers, aber auch der Lehrer und Eltern zu sehen.

Dieser Tendenz zur *Lernerzentrierung* wirken die Versuche von Standardisierung und allgemeinen Abschlussprüfungen allerdings entgegen, fördern diese doch zu oft ein »teaching to the test« und engen den Spielraum von Schülern und Lehrern für die Entwicklung persönlich bedeutsamer Lehr-Lernprozesse ein. Zudem verbreiten solche technokratischen Normierungsversuche die Illusion der Vergleichbarkeit schulischer Abschlüsse und individueller Leistung, wie sich an der Fragwürdigkeit des Zentralabiturs zeigen lässt. So offenbarte eine Datenanalyse des Magazins »Der Spiegel« vom 6.6.2015 die Willkürlichkeit der Bewertungen – eine Erkenntnis, die seit Karlheinz Ingenkamps Standardwerk aus den 1970er-Jahren »Die Fragwürdigkeit der Zensurengebung« noch immer ignoriert wird. So schlossen 2013 in Thüringen 38 Prozent aller Abiturienten ihr Abitur mit einer Eins vor dem Komma ab, während dies im angrenzenden Niedersachsen nur 16 Prozent der Schüler/innen gelang. Auch die Betrachtung der Durchfallquoten offenbart die mangelnde Vergleichbarkeit: Während in Rheinland-Pfalz nur 1,3 Prozent scheiterten, waren es in Mecklenburg-Vorpommern fünfmal so viele. Ohne Zweifel werden die Normopathen der Bildungsbürokratie dies zum Anlass nehmen, die Messverfahren zu verfeinern und die Standardisierung zu verschärfen. Doch damit gehen sie in die Irre, weil sie damit das Ziel von Bildung verfehlen.

Hier zeigt sich – wie es der englische Bildungsreformer Ken Robinson in seinen Schriften und Vorträgen in ausgezeichneter Weise auf den Punkt gebracht hat – dass weite Teile der Bildungsbürokratie noch immer einem überholten Persönlichkeits- und Schulmodell verhaftet sind, das letztlich auf Preußen und der industriellen Massenproduktion beruht. So wie viele Lehrer/innen noch immer nicht bei den Schülern angekommen sind, so haben weite Teile der Bildungsbürokratie noch nicht die Zeichen der Zeit, nämlich des anbrechenden »New Digital Age«, erkannt, wie es »Google«-Chef Eric Schmidt (2013) jüngst anschaulich beschrieben hat. Schule und Unterricht sind aus dieser Perspektive noch immer zu sehr vergangenheitsorientiert und versuchen mit den Lösungen von gestern und veralteten Lehr-Lernkonzepten bzw. Technologien auf eine Zukunft vorzubereiten, die nur noch wenig mit den Bildungsmodellen des letzten Jahrhunderts gemein haben wird. Im digitalen Zeitalter geht es nicht um Normierung und Standardisierung, sondern ganz im Gegenteil darum, die Chancen der neuen Technologien für die Personalisierung von Lehr-Lernprozessen und die Entwicklung kollaborativen Lernens und Gestaltens im Team zu nutzen. Nicht alle sollen das Gleiche machen, sondern sie sollen ihr individuelles Potenzial entfalten, um Neues zu entwickeln.

Im Sinne unseres Ansatzes, der prozessorientierten Zukunftsmoderation, der mit Scharmers Ansatz übereinstimmt, müssten Lehrerhandeln, Führen und Schulentwicklung deshalb vielmehr aus der Perspektive einer im Entstehen begriffenen Zukunft betrachtet werden. Erforderlich ist eine Befreiung von überkommenen Traditionen und Routinen des Schulemachens, insbesondere des Unterrichtens, und eine Schaffung von Räumen für eingreifende Zukunftsgestaltung.

Wie ich in meinem Vortrag für das »Archiv der Zukunft« im November 2014 in Bregenz ausgeführt habe (Vortragsmitschnitt unter: www.youtube.com/watch?v=B-rroVjx-Ak), wird die Zukunft der Schule schon bald nicht mehr Schule im traditionellen Sinne sein, sondern völlig neue Lehr-Lernumgebungen entwickeln, zu denen der »inverted classroom«, aber auch neue Raum- und Zeitstrukturen gehören.

Scharmer (2013) hat für diese neue Stufe 4 des Lernens, Lehrens und Führens weitere Vorstellungen entwickelt: Ziel sei die Befähigung zum gemeinsamen »Hinspüren der entstehenden Zukunft«, wozu er die Führungstechnik des »Presencing« entwickelt hat. Bei der neuen pädagogischen Führung geht es demnach vor allem um Potenzialentfaltung – das Schaffen von Rahmenbedingungen, die es jedem an Schule Beteiligten ermöglichen, seine höchste Zukunftsmöglichkeit im ko-kreativen Dialog zu entwickeln. Er steht damit übrigens in Übereinstimmung zur Position des Neurobiologen Gerald Hüther, der aus Sicht der Hirnforschung umfassende Potenzialentfaltung ebenfalls als Kern von Schulentwicklung benennt.

Wie ein solcher ko-kreativer Dialog in Schule organisiert werden kann und was dies genau meint, führe ich weiter unten bei der Darstellung des Leadership-Kompasses aus. Hier ist zunächst interessant, dass Führungskräfte, und solche sind Lehrer/innen, angesichts des rasanten gesellschaftlichen Wandels – anders als es kultusministerielle Vorgaben meinen – nicht länger von klaren Vorgaben ausgehen können, die bruchlos umzusetzen sind. Ko-kreative Lehr-Lerngestaltung erfordert ein hohes Maß an Partizipation und Eigenaktivität und unterscheidet sich damit fundamental von einem Führungsmodell, das auf Top-down-Anweisungen und vorgegebenen Zielvereinbarungen beruht. Die Umsetzung von Pädagogik 3.0 – das ist die Quintessenz – erfordert eine Reduzierung des Übergewichts der linearen Vermittlung von Inhalten zugunsten von transformativen Formen gemeinsamen schöpferischen Gestaltens.

Dies ist übrigens ganz im Sinne der »21st Century Skills«, die Trilling und Fadel (2009) für die Zukunft des Lernens benannt haben. Demnach geht es im anbrechenden »New Digital Age« vor allem um:

- kritisches Denken und Problemlösen
- Kommunikation und Kollaboration
- Kreativität und Innovation

Um diese Kompetenzen zu erreichen und die Fähigkeit zu ko-kreativem Lernen zu fördern, benötigen wir ein größeres Gewicht auf Persönlichkeitsentwicklung sowie eine Schulung in proaktivem unternehmerischem Denken, denn immer häufiger geht es weniger um das Abarbeiten vorgegebener Pläne, sondern stärker um schöpferisches Gestalten. In Zeiten des Internet und der digitalen Medien ist Basiswissen zeit- und ortsunabhängig weitgehend barrierefrei verfügbar. Der eigentliche

Engpass besteht nur selten noch in der Zurverfügungstellung dieses Wissens, was zunehmend digitale Lehr-Lernplattformen wie zum Beispiel die »Khan Academy« übernehmen, sondern immer häufiger in der kreativen Anwendung und Weiterentwicklung dieses Wissens.

Unterschiedliche Talente bzw. Neigungen entdecken und fördern

Pädagogik 2.0 dominiert noch immer zu sehr den Alltag der Schule. Weder die Sortierung nach Altersgruppen, die ungeachtet individueller Unterschiede fließbandmäßig von Klassenstufe zu Klassenstufe vorrücken, noch die rigide Orientierung an einem allgemeinverbindlichen Wissenskanon sind – wie wir oben auch am Beispiel des Scheiterns verordneten Mathematikunterrichts in der Oberstufe gesehen haben – zeitgemäß. Aufgabe einer zukunftsfähigen Schule muss es vielmehr sein, stärker als bisher individuelle Neigungen bzw. Talente der Schüler/innen zu entdecken und die für sie förderlichen Umgebungen personalisiert bereitzustellen bzw. zu designen. Dies gilt übrigens auch für die Nutzung der spezifischen Talente von Lehrer/innen, die oft über ihr eng umrissenes Fachgebiet herausgehen. Ja, nicht selten engagieren sie sich mit ihren spezifischen Kompetenzen sehr erfolgreich in ihrer Freizeit außerhalb der Schule – nicht zuletzt, weil der traditionelle Unterricht hierfür zu wenig Raum lässt.

Firmen wie »Google« oder »Apple« haben aus dieser Erkenntnis verborgener Begabungen die Konsequenz gezogen, bis zu 20 Prozent der Arbeitszeit für die Verfolgung von Projekten eigener Wahl bereitzustellen. In diesen nicht vorgegebenen und verplanten Räumen entstehen häufig neue Ideen und Produkte. Folgt man diesen Erfahrungen, dann braucht Schule mehr Freiräume für Lehrer/innen und Schüler/innen zur *Verfolgung selbstgesetzter Ziele.* Der Stoffplan sollte hierfür entschlackt und ca. 20 Prozent der Unterrichtszeit für *freies Lernen und Gestalten* reserviert werden. In »Future Friday« (Burow 2020) habe ich detailliert beschrieben, wie ein solcher Freiraum etwa in Form eines »Schulfach Zukunft« genutzt werden kann.

Ein Grund für diese Forderung ist auch, dass das derzeitige vorwiegend akademisch-kognitiv orientierte Schulcurriculum die Begabungen zu vieler Schüler/innen und Lehrer/innen verfehlt sowie zu wenig Raum für die Befassung mit persönlich bedeutsamen Lebensthemen und drängenden Zukunftsherausforderungen bietet. So hat der amerikanische Sozialpsychologe und Begabungsforscher Howard Gardner eine »Theorie multipler Intelligenzen« (2011/1983; siehe auch 1991) vorgelegt, die deutlich macht, wie breit das Potenzial ist, das es durch neue Lehr-Lerndesigns zu erschließen gilt. Er unterscheidet folgende Intelligenzen:

- sprachliche
- logisch-mathematische
- musikalisch-rhythmische
- bildlich-räumliche

- körperlich-kinästhetische
- naturalistische
- interpersonelle
- intrapersonelle
- existenzielle

Die meisten Lehrer/innen dürften sich zu wenig klar machen, dass sie in einer Klasse mit 32 Schüler/innen individuell sehr unterschiedliche Begabungsmischungen vor sich haben. Die nähere Analyse würde zeigen, dass jeder Schüler eine individuelle Mischung dieser verschiedenen Intelligenzen aufweist und damit über ein spezifisches Intelligenzprofil verfügt. Wo gibt es Eingangsdiagnosen für die Erhebung spezifischer Profile und wo Maßnahmen, den Unterricht passgenau darauf abzustimmen?

Die tradierte Form der Jahrgangsklasse geht noch immer von der Fiktion einer Gleichheit der Voraussetzungen und der Möglichkeit gleichschrittigen Vorgehens aus – Voraussetzungen, die in der Wirklichkeit nur begrenzt gegeben sind. Vielmehr benötigen die Schüler/innen neben den allgemeinen Angeboten spezifische, auf sie zugeschnittene Herausforderungen, um ihre Neigungen bzw. Begabungen und damit ihr höchstes *Zukunftspotenzial* erschließen bzw. entwickeln zu können. Fächerübergreifender Unterricht, neigungsorientierte Projekt- und Teamarbeit wären wesentliche Schlüssel – doch in der verregelten, fächer- und testfixierten Schule ist dafür bislang zu wenig Raum. Eine mögliche Lösung bieten ausgerechnet die noch immer von vielen Lehrern verteufelten neuen Medien: POOCs – Personalized Open Online Courses, personalisierte offene Onlinekurse, die über Lernplattformen und Lehr- bzw. Übungsvideos den Stoff so vermitteln, dass er passgenau die individuellen Voraussetzungen und Bedürfnisse des jeweiligen Schülers berücksichtigt und einen optimalen Herausforderungsgrad aufweist. Wie eine Schule, die auf neigungsorientiertes, potenzialförderliches, selbstgesteuertes Lernen setzt und sich vom traditionellen Belehrungsmodell verabschiedet funktioniert, kann man auf den instruktiven Seiten der preisgekrönten Alemannnenschule Wutöschingen (https://www.alemannenschule-wutoeschingen.de) sehen. In »Die Corona-Chance« (Burow 2021) habe ich sieben Schritte zur Umsetzung dieses innovativen Schulmodells beschrieben.

Dies alles zeigt: Lehrer und Schüler brauchen mehr Freiheit, um ihre bislang unerschlossenen Potenziale erschließen zu können. In diesen Potenzialen, abseits des Lehrplans, liegt ein Schatz an kreativen Gestaltungsmöglichkeiten, deren Nutzung – wie ich aus eigener Erfahrung und der Analyse von Lebensläufen herausragender Persönlichkeiten weiß – oft lebensprägende und erfolgsentscheidende Kraft zukommt.

Nicht jeder verfügt über das Selbstbewusstsein eines Henning Mankell, der als Fünfzehnjähriger zu seinem Vater sagte, er müsse die Schule verlassen, um nach Paris zu gehen, denn in der Schule lerne er nicht das, was er brauche, um erfolgreicher Schriftsteller zu werden. Und wer hat wie Götz W. Werner, der Gründer der größten Drogeriekette Europas, mit sechzehn den Mut, seiner Intuition zu folgen und statt den Forderungen der Eltern nach Absolvierung des Abiturs nachzukommen, eine

Lehre aufzunehmen, um seiner gefühlten Bestimmung als »Zahnpastaverkäufer« (so Werner wörtlich, in einem Interview, das ich mit ihm führte) zu folgen. Ken Robinson gibt in seinem Buch »In meinem Element« (2010) hierzu viele weitere Beispiele, die zeigen, dass erfolgreiche Lebensläufe nicht nach den Mustern schulischer Lehrpläne verlaufen, sondern sich oft gerade in der Abweichung von Vorgegebenem erfüllen.

Die Abwertungskultur der Schule überwinden

Erinnern wir uns an das Eingangszitat Wilhelm v. Humboldts, demzufolge, was nicht vom Menschen selbst gewählt wird, nicht in sein Wesen übergeht. In umgekehrter Perspektive gilt es, Freiräume zu schaffen, in denen der Mensch »sein Wesen«, sein »Element« entdecken und entwickeln kann. Voraussetzung dafür ist die Wertschätzung, die bedingungslose Akzeptanz der vielfältigen Neigungen, Talente bzw. Intelligenzen. Noch immer ist es um diese Anerkennung und Förderung vielfältiger Neigungen in der Schule schlecht bestellt.

Zentrale Prüfungen, die so gut wie gar nicht auf individuelle Profile eingehen, und formalisierte Testverfahren fördern eine interessen- und kreativitätszerstörende Anpassungskultur, die Ken Robinson in seinem TED-Vortrag »Do schools kill creativity?« (2006) anschaulich beschrieben hat. Wie lernfeindlich die überzogene Orientierung an Ziffernzensuren ist haben Beutel & Pand (2019) in ihrer Studie »Lernen ohne Noten« belegt und darüber hinaus alternative Konzepte der Leistungsbeurteilung vorgestellt.

Die Missachtung unterschiedlicher Neigungsprofile und die Orientierung an einem verengten kognitiv-akademischen Bildungsbegriff stützt eine in der Schule nach wie vor herrschende Abwertungskultur.

Hierzu gehören die einseitige Dominanz des fehlerverfolgenden Rotstifts ebenso wie die schädliche Maßnahme des Sitzenbleibens, die laut Klaus Klemm (2009) Selbstwirksamkeitsüberzeugungen zerstört, zu sozialer Ausgrenzung beiträgt und pro Jahr ca. eine Milliarde Euro kostet – eine Summe, die besser für individuelle Förderung investiert werden sollte.

Aber schlimmer noch: Die Potsdamer Erziehungswissenschaftlerin Annedore Prengel (2014) hat ca. 6 000 Interaktionssituationen von Lehrer/innen mit Schüler/innen analysiert und dabei festgestellt, dass ca. 25 Prozent herabsetzenden Charakter trugen. Dabei muss man berücksichtigen, dass sich diese abwertenden Interventionen vor allem auf die ohnehin benachteiligten Schüler/innen konzentrierten. Wen wundert es da, wenn Christina Krause (2004) von der Universität Göttingen feststellte, dass bis zur dritten Klasse ca. 25 Prozent der Grundschüler/innen ein »negatives Schul-Selbst« entwickelt hatten: Erfahrungen von Anerkennung oder Wertschätzung erfuhren diese Schüler/innen so gut wie nicht und so entwickelten sie das Gefühl, dass die Schule kein geeigneter Ort für sie ist. Hier liegt eine der Ursachen, die dazu führt, dass bis zu 20 Prozent der Schüler/innen nur unterstes PISA-Niveau erreichen.

Aber diese immer noch weite Bereiche von Schule und Unterricht prägende Abwertungskultur betrifft nicht nur die Schüler/innen – auch Lehrer/innen leiden darunter. Schulinspektion, die auf einem wertschätzenden Ansatz beruht, ist sehr hilfreich. Doch allzu oft passiert das Gegenteil, mit dem Ergebnis, dass die Bereitschaft zum Wandel gegen null sinkt. Wer die Reformbereitschaft der an Schule beteiligten Personen steigern und sich ihrer aktiven Mitarbeit versichern will, der sollte auf Wertschätzende Führung setzen – und dies aus gutem Grund.

Die Macht der guten Gefühle

Die amerikanische Psychologin Barbara Fredrickson (2011) hat auf Grundlage jahrzehntelanger empirischer Studien »Die Macht der guten Gefühle« untersucht – so auch der Titel ihrer zusammenfassenden Darstellung. Ihre Forschungsergebnisse geben eine wissenschaftliche Begründung dafür, warum wir in allen Fragen von Führung, Unterricht und Erziehung Wertschätzung an erste Stelle setzen und stärker positive Interventionen nutzen sollten.

Positive Gefühle erweitern (»broaden«) demnach unseren Horizont, unser Bewusstsein und ermöglichen uns einen größeren Denk- und Handlungsspielraum. Sie öffnen unsere Herzen und unseren Geist, so Fredrickson, sodass wir empfänglicher und kreativer werden.

Darüber hinaus stärken sie unsere sozialen Ressourcen (»build«) und bilden die Grundlage für Resilienz, eine Dimension, die entscheidend ist für die Bewältigung der vielfältigen Anforderungen des Lehrerberufs. Fredrickson geht in ihrer »Broaden-and-Build-Theorie« noch weiter, indem sie behauptet, eine positive Lebenseinstellung mache uns zu »besseren Menschen«. Indem wir nämlich unsere Herzen und unseren Geist öffneten, könnten wir neue Fähigkeiten, neue Bande, neues Wissen und neue Möglichkeiten entdecken, ausloten und aufbauen. Zusammenfassend listet sie sechs Fakten zu positiven Gefühlen auf, die für Wertschätzende Führung und wirksame Schul- bzw. Unterrichtsentwicklung wichtige Hinweise geben. Demnach sind positive Gefühle angenehm, erweitern unseren Horizont, schaffen neue Ressourcen und Resonanzen und machen widerstandsfähig (resilient).

Zusammen mit dem Mathematiker Losada hat Fredrickson in Auswertung ihrer Forschungsergebnisse den »*Losada-Quotienten*« entwickelt (Fredrickson/Losada 2005), der besagt, dass wir ein Verhältnis von drei positiven Rückmeldungen zu einer negativen benötigen, um in eine *Aufwärtsspirale* zu geraten. Der Aufbau einer umfassenden Wertschätzungskultur an einer Schule würde also erfordern, dass vom Unterricht über die Konferenzen bis zur Evaluation und die Schulinspektion ein positiver Rückmeldequotient von 3:1 erreicht wird.

Liegt dieser Quotient wesentlich darunter, bewirkt er eine *Abwärtsspirale*, die bei einem Verhältnis von 1:1 sogar in Apathie, Burnout und Depression münden kann – exakt dies ist, was wir bei überforderten Schülern *und* Lehrern im Burnout feststellen können: Zu wenig positives Feedback und ein zu hohes Maß an Abwertung. Sie haben richtig gelesen: Inzwischen gibt es Burnout auch bei Kindern. So hat der Direktor des Hamburger Universitätsklinikums für Jugendpsychiatrie, Michael Schulte-Markwort (2015), unter dem Titel »Burnout-Kids – Wie das Prinzip Leistung unsere Kinder überfordert« eine Untersuchung vorgelegt, die anhand von ausgewählten Fallstudien zeigt, wie Schule Schüler überfordert und negative Gefühle produziert, die immer häufiger krankheitsverursachend sind. Übrigens: Unter www.positivityratio.com können Sie Ihren Quotienten errechnen.

Die frohe Botschaft der Untersuchungen Fredricksons lautet: Unser eigener positiver Quotient, aber auch der von unseren Schüler/innen und Kolleg/innen, lässt sich steigern. Das Mittel dazu sind die Wertschätzende Führung und der Aufbau einer umfassenden Wertschätzungskultur.

Positive Pädagogik

Die Untersuchungen Fredricksons werden von der Positiven Psychologie Martin Seligmanns und Mihalyi Csíkszentmihályis ebenso bestätigt wie von der ökonomischen Glücksforschung Bruno Freys und den Studien der kalifornischen Glücksforscherin Sonya Lyubomirsky. Aus unterschiedlichen Blickwinkeln, aber mit weitgehend übereinstimmenden Forschungsergbnissen belegen sie, dass glückliche Menschen gesünder sind, bessere Beziehungen haben, mehr verdienen, kreativer sind, schneller lernen und besser mit anderen zusammenarbeiten. Dies alles ist nicht neu, wusste doch schon Voltaire im 18. Jahrhundert – offenbar intuitiv: »Ich habe beschlossen, glücklich zu sein, weil es besser für die Gesundheit ist.«

Dieser einfache Gedanke, der nun auch wissenschaftlich belegt ist, erhält nur äußerst langsam Eingang in den Schulalltag. Schulleiter wie der Heidelberger Berufsschulrektor Ernst Fritz-Schubert, der bundesweit Aufsehen erregte durch die Einführung eines »Schulfach Glück«, sind bislang seltene Ausnahmeerscheinungen.

Die Erfahrungen mit solchen Versuchen eines Glücks- oder besser Lebenskunde-Unterrichts und erste Evaluationen zeigen, dass wir an unseren Schulen eine »Positive Pädagogik« benötigen, also eine Pädagogik, die auf Wertschätzung setzt und die fehlerverfolgenden Rotstifte schrittweise durch Anerkennung signalisierende Grünstifte zumindest ergänzt. Für eine solche Pädagogik sind die Beiträge der Positiven Psychologie und die praxisbezogenen Anregungen Ken Robinsons wichtig. In meinem eigenen Entwurf (Burow 2011/2021) habe ich die wichtigsten Quellen aufgearbeitet und mit konkreten Umsetzungsverfahren zu den Bereichen Abbau von Belastungen und Schulentwicklung versehen.

Eine Kultur der Anerkennung, der Förderung positiver Gefühle wirkt sich spürbar auf das Schulklima, auf das Engagement der Kolleg/innen, deren Gesundheitszustand und die Leistungen der Schüler/innen aus. Gelingt es Schulleitungen, Positive Pädagogik umzusetzen, indem sie nach und nach den Bereich der Wertschätzenden Führung [illegible] und eine akzeptierende, emphatische und kongruente Haltung entwickeln, dann entlasten sie damit auch sich selbst. Zentraler Ansatzpunkt ist die Entwicklung der eigenen Führungshaltung.

Die Entwicklung der eigenen Führungspersönlichkeit

In seiner »Theorie U« vertritt C. O. Scharmer (2013) die These, dass eine der Ursachen mangelnder Wirksamkeit im »blinden Fleck« der Führung besteht: Der blinde Fleck besteht darin, dass wir den inneren Ort, von dem aus wir handeln, zu selten erkennen. Der innere Ort, von dem aus wir handeln, also unsere grundlegenden Einstellungen und Haltungen, bestimmen unsere Wirkung. Wertschätzende Führung zu realisieren erfordert demnach die Entwicklung der eigenen Persönlichkeit. Sie ist nicht einfach als Führungstechnik umzusetzen, sondern ist untrennbar verbunden mit unserem Persönlichkeitsprofil, der eigenen Lerngeschichte und den sich daraus ergebenden Haltungen und Einstellungen. Von daher besteht eine wesentliche Voraussetzung in der Fähigkeit zur Selbstreflexion. Am besten gelingt dies – nach H.-G. Rolff – in einer Schulleitungsgruppe oder einem Lehrerteam, die/das sich als professionelle Lerngemeinschaft versteht und sich gegenseitig darin unterstützt, die neuen Führungsqualitäten zu entwickeln und zu leben.

Die grundlegenden Fähigkeiten zu bedingungsloser Wertschätzung (Akzeptanz), zur Einfühlung (Empathie) und Kongruenz (Authentizität) sind nicht leicht zu realisieren und müssen deshalb immer wieder neu erlernt werden. Das Schulleitungsteam als professionelle Lerngemeinschaft ist der ideale Ort, um hier gemeinsam voranzukommen.

Work-Life-Balance durch Wertschätzende Führung

Der Wandel der Führungsvorstellungen hängt auch mit veränderten Lebensvorstellungen neuer Generationen zusammen, wie Hurrelmann und Albrecht (2014) in ihrer Studie »Generation Y« beschrieben haben. Arbeit wird demnach von den 15- bis 30-Jährigen sehr viel stärker als bei vorangegangenen Generationen unter dem Aspekt der Sinnerfüllung und des Spaßes gesehen. Work-Life-Balance nimmt für diese Generation einen hohen Stellenwert ein. Will man ihr Engagement für den Aufbau einer zukunftsfähigen Schule nutzen, benötigt man ein Führungsformat, das auch die Bedürfnisse dieser neuen Lehrergeneration berücksichtigt und nutzt.

Wie wir gesehen haben, ist es möglich, mit der schrittweisen Realisierung Wertschätzender Führung für ein entwicklungsförderliches Schulklima zu sorgen, das bei Lehrern und Schülern gemäß den Wirkungen des Losada-Quotienten gewissermaßen eine Aufwärtsspirale in Gang setzen kann, die sich auch auf die Erreichung der zentralen Ziele der Schule positiv auswirkt.

Die wissenschaftlichen Einsichten aus Positiver Psychologie, Humanistischer Psychologie und Neurobiologie, aber auch unsere eigenen Erfahrungen deuten in überzeugender Weise auf die Überlegenheit einer wertschätzenden Haltung und eines entsprechenden Führungsstils hin.

Bevor ich im dritten Teil mit dem Leadership-Kompass ein wirksames Umsetzungsinstrument vorstelle, das eine konkrete Anleitung für die Alltagspraxis Ihres Führungshandelns gibt, möchte ich im nun folgenden zweiten Teil zunächst den Fragen nachgehen, warum Schulleitung so schwierig ist und warum viele Veränderungsprozesse scheitern. Die Auseinandersetzung mit diesen Fragen wird uns weitere Hinweise dafür liefern, wie wir Fehler vermeiden und Schulleitung bzw. Schulentwicklung so gestalten können, dass sie wirksam wird.

Teil II
Warum Schulleitung so schwierig ist

Die Forschungen zeigen, dass Schulleitungen einen sehr viel größeren Gestaltungsspielraum bei der Leitung ihrer Schule haben, als sie gewöhnlich meinen. Durch ihre Haltung und ihre Maßnahmen können sie nicht nur entscheidend dazu beitragen, eine »gute Schule« zu entwickeln, sondern auch die Bereitschaft von Schülern und Lehrern zum Engagement erhöhen. Eine Kerneinsicht lautet: *Gute Schulen haben gute Schulleitungen.*

Was hier wie eine frohe Botschaft klingen soll, kann aber auf manche auch als Überforderung wirken, legt sie doch die Latte für Schulleitungshandeln äußerst hoch. Fragt man Schulleiter/innen nach den Ursachen für Überlastung und unzureichende Ergebnisse – eine Frage, die H.-G. Rolff und ich in den letzten Jahren an der Deutschen Akademie für Pädagogische Führung (DAPF) über 2 000 Schulleiter/innen bzw. Mitgliedern von Schulleitungsteams gestellt haben –, dann nennen sie an erster Stelle unzureichende Rahmenbedingungen. Gewiss – die Rahmenbedingungen sind wichtig, doch die Schulqualitätsforschung hat gezeigt, dass es Schulen gibt, die auch unter schlechten Rahmenbedingungen ausgezeichnete Arbeit leisten, und Schulen, die unter guten Rahmenbedingungen unzureichende Ergebnisse liefern. Die nähere Betrachtung zeigt, dass die Kommunikation im Kollegium und das eigene Schulleitungshandeln weitere wichtige Faktoren sind, die einige der Unterschiede erklären können. So gut wie alle Schulen, das wird aus unseren Befragungen ersichtlich, leiden unter Zeitdruck und zu vielen Vorgaben. Kreative Schulleitungen können diese Belastungsfaktoren nicht außer Kraft setzen, aber sie finden zusammen mit den Kolleg/innen Wege zur Bewältigung.

Schulforscher, die ergründen wollen, was »gute Schulen« auszeichnet, fassen die Ergebnisse ihrer Studien oft in Übersichten zusammen. Wenn Sie die folgende Übersicht (Abb. 2) betrachten, überlegen Sie bitte, inwieweit diese hilfreich ist für Ihr Schulleitungshandeln.

Was ist eine »gute Schule«?

Es gibt eine Vielzahl solcher Zusammenstellungen. Nachfolgende Übersicht des Institute of Education der Londoner Universität aus dem Jahr 2008 ist durchaus typisch und kann, auch wenn seit ihrer Erstellung viele Jahre vergangen sind, in den wesentlichen Dimensionen noch immer als gültig gelten:

1. Professionelle Führung	beständig und zielgerichtet, ein auf Partizipation ausgerichteter Ansatz, der führende Fachmann
2. Geteilte Visionen und Ziele	Einigkeit über Ziele, Beständigkeit im Handeln, Kollegialität und Zusammenarbeit

3. Attraktive Lernumgebung	eine von Ordnung bestimmte Lernatmosphäre, eine attraktive Lernumgebung
4. Konzentration auf Lehren und Lernen	maximale Ausschöpfung der Lernzeit, Bedeutsamkeit von Schule, Konzentration auf Leistung
5. Zielgerichtetes Unterrichten	effiziente Organisation, Zielklarheit, strukturierte Unterrichtsstunden
6. Hohe Erwartungen	insgesamt hohe Erwartungen, Erwartungen kommunizieren, für individuelle Herausforderungen sorgen
7. Positive Verstärkung	klare und faire Disziplin, Rückmeldung (Feedback)
8. Lernfortschrittskontrolle	Kontrolle von Schülerleistungen, Bewertung schulischer Leistungen
9. Rechte und Verantwortlichkeiten	das Selbstvertrauen von Schülern stärken, verantwortungsvolle Aufgaben
10. Partnerschaft zwischen Eltern und Schule	Einbezug der Eltern in das Lernen ihrer Kinder
11. Lernende Organisation	schulbezogene Personalentwicklung

Abb. 2: Dimensionen einer »guten Schule«

Quelle: Metaanalyse des Institute of Education der Universität London für das Office for Standards in Education (OFSTED, Sammons, 1995) – H.-G. Rolff 2008

Wie geht es Ihnen, wenn Sie diese Liste betrachten und überlegen, inwieweit sie auf die Analyse und Entwicklung Ihrer Schule anwendbar ist? Wie hilfreich für die Verbesserung der Praxis sind solche Listen?

Will man die hier genannten elf Punkte in all ihren Konsequenzen berücksichtigen und zur Grundlage eines Schulentwicklungsprozesses machen, dann hat man ein Programm vor sich, das mehrere Jahre füllen kann. Sie sollten sich allerdings auf einige wenige Punkte konzentrieren, denn eine McKinsey-Studie (2010), die untersucht hat, wie Schulen an die Spitze kommen, hat gezeigt, dass ein Geheimnis erfolgreicher Schulentwicklung in einer Beschränkung auf zwei bis drei »big goals«, also zwei bis drei große Ziele liegt, die über mehrere Jahre konsequent verfolgt und durch ein Unterstützungssystem begleitet werden.

Schulleitungen stehen vor der Herausforderung, nicht nur herauszufinden, welche Ziele für den eigenen Schulentwicklungsprozess geeignet sind, sondern auch zu bestimmen, welche sich an der eigenen Schule mit dem vorhandenen Kollegium realistisch umsetzen lassen. Hinzu kommt, dass die Ofsted-Studie aus heutiger Sicht noch relativ undifferenziert ist, gibt es doch mit der Hattie-Studie eine sehr viel detailliertere Untersuchung, die beansprucht, die entscheidenden Wirkfaktoren auch quantitativ zu benennen – und dies mit kaum zu übertreffendem Aufwand.

Wie Steffens und Höfer (2012, S. 40) in einer Übersicht zusammenfassen, bezieht sich Hattie auf sechs Untersuchungsbereiche:

- Elternhaus (19 Einflussfaktoren, 139 Metaanalysen)
- Lernende (7 Faktoren, 35 Metaanalysen)
- Schule (28 Faktoren, 101 Metanalysen)
- Curriculum (25 Faktoren, 144 Metaanalysen)
- Lehrende (10 Faktoren, 31 Metaanalysen)
- Unterricht (49 Faktoren, 365 Metaanalysen)

Dieses wahrhaft herkulische Unternehmen empirischer Bildungsforschung kann man nach Steffens und Höfer für den Teilbereich unterrichtlichen Handelns auf sieben Ziele herunterbrechen:

(1) klare Zielsetzungen und Erfolgskriterien, die für die Lernenden transparent sind
(2) aktive Einbeziehung der Schülerinnen und Schüler in die Lernprozesse
(3) genaues Verständnis der Lehrperson, wie die Lerninhalte zu vermitteln und zu erklären sind
(4) permanente Überprüfung im Unterrichtsprozess, ob die Kinder bzw. Jugendlichen das Gelernte richtig verstanden haben, bevor der Lernprozess fortgesetzt wird
(5) angeleitetes Üben unter Aufsicht der Lehrperson
(6) Bilanzierung des Gelernten auf eine für die Lernenden verständliche Weise, bei der die wesentlichen Gedanken bzw. Schlüsselbegriffe in einen größeren Zusammenhang eingebunden werden
(7) eine wiederkehrende praktische Anwendung des Gelernten in verschiedenen Kontexten

Dass die Lehrperson der wichtigste Einflussfaktor ist, verbunden mit der Einsicht von der zentralen Bedeutung zielgenauen Feedbacks und der Notwendigkeit, Lehr-Lernprozesse aus Sicht der Schüler/innen zu betrachten, dürfte nicht gerade als bahnbrechend neue Erkenntnis angesehen werden.

Das Dilemma empirischer Bildungsforschung

Hier zeigt sich ein Dilemma solcher Studien: Entweder belegen sie Binsenweisheiten, die man auch durch Reflexion eigener Bildungserfahrungen erhalten kann, oder sie sind so differenziert und stellen so hohe Anforderungen, dass der Praktiker überfordert ist und nicht weiß, wie er die Vielzahl der zu beachtenden Faktoren in sein unterrichtliches Handeln integrieren kann. Jedenfalls zeigen die Analysen des »Handbuch Unterrichtsentwicklung« (Rolff 2015) eine weitgehende Stagnation im

Bereich Unterrichtsentwicklung trotz detaillierter Studien und vieler Reformversuche.

Dabei habe ich noch nicht berücksichtigt, dass viele der Erkenntnisse solcher Studien – je nach Interessenlage – unterschiedlich interpretiert werden können. So fühlen sich beispielsweise die Befürworter eines straffen Instruktionsunterrichts durch Hattie bestätigt, obwohl er, wie die Befürworter des offenen Unterrichts kritisieren, diesen gar nicht angemessen untersucht hat.

Die schwierigste Hürde bei der Umsetzung seiner Erkenntnisse besteht – neben der Entwicklung eines gemeinsam geteilten Zukunftsbilds – ironischerweise gerade in Hatties Erkenntnis: der zentralen Bedeutung der Person des Lehrers. Nimmt man diese Einsicht ernst, dann müsste man in Lehreraus- und -fortbildung das Übergewicht des Fachwissens zurückdrängen zugunsten von Selbstanalyse und Persönlichkeitsbildung – Ansätze, die ich schon in den 1990er-Jahren mit der Entwicklung der Gestaltpädagogik (Burow 1993) verfolgt habe. Hier haben wir aus Sicht der Humanistischen Psychologie die zentrale Rolle des Lehrers und persönlich bedeutsamen Lehrens und Lernens hervorgehoben und Lehrertrainingsprogramme entwickelt.

Auf die Fähigkeit zum Zuhören und Dialog kommt es an

Für den Bereich der Wirtschaft kehren solche Konzepte heute in aktualisierter Version zurück, weil man erkannt hat, dass wirksame Führung weniger mit Technik als stärker mit der Fähigkeit zum *Aufbau hilfreicher Beziehungen* zu tun hat. So hat der bereits erwähnte MIT-Führungsforscher Scharmer auf Grundlage einer Analyse des Führungsverhaltens von ca. 150 CEOs festgestellt, dass deren Wirksamkeit vom »inneren Ort«, von dem aus sie handelten, abhing. Dieser Ort ist den meisten Führungskräften nur in den seltensten Fällen bewusst.

Um diesen zugänglich zu machen, hat Scharmer (2009) den »U-Prozess« entwickelt, der den Zugang zum inneren Ort, von dem aus sich das eigene Führungshandeln speist, ermöglichen soll. In einem ersten Schritt, dem »open mind« gilt es, sich von alten Mustern und Routinen des Denkens und Wahrnehmens freizumachen, um in einem zweiten Schritt, dem »open heart«, zu dem vorzudringen, was einem im wahrsten Sinne des Wortes »am Herzen« liegt und die wichtigste Triebkraft eigenen Handelns darstellt. Nach erfolgreichem Durchlauf dieses Prozesses ist man am Boden des »U« angelangt, hat man die Routinen seines Handelns erkannt, sich von dysfunktionalen Mustern befreit, sein eigenes Profil entwickelt und kann in der dritten Phase, dem »open will«, Prototypen neuen Handelns entwickeln und erproben. Wichtigste Führungsinstrumente sind demnach die Selbstanalyse handlungsleitender mentaler Modelle sowie die Entwicklung der Fähigkeiten zum Zuhören und wertschätzenden Dialog.

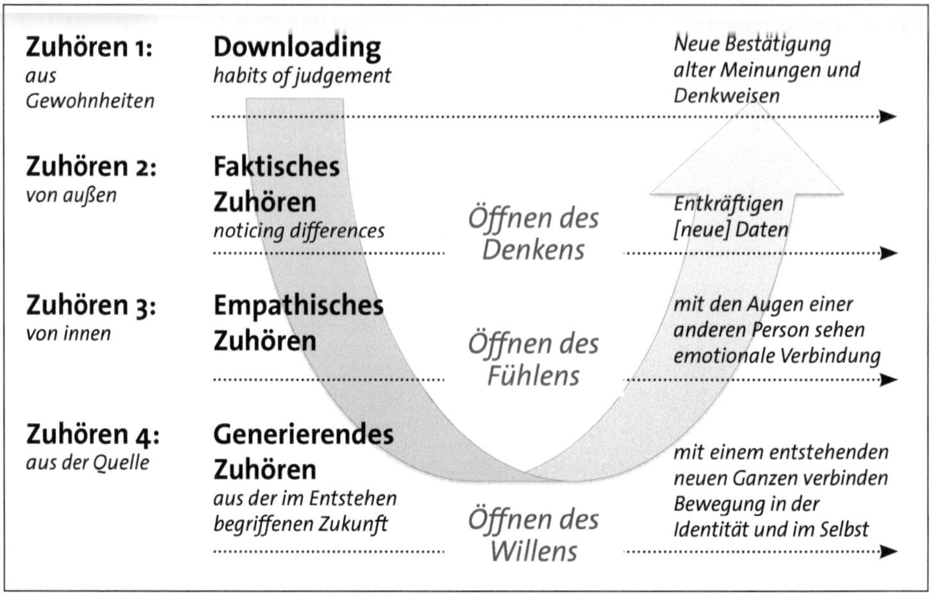

Abb. 3: Der »U-Prozess« (Presencing Institute and Otto Scharmer, www.presencing.org)

Eine Ursache für die mangelnde Wirksamkeit von Lehrer/innen besteht in dem Irrtum, Lehrertätigkeit bestände vorrangig darin, Fächer zu unterrichten. Diese falsche Orientierung wird noch zu oft durch die derzeitige Lehrerbildung gefördert. Doch Lehrer/innen unterrichten Kinder bzw. Schüler/innen. Erfolgreiches Unterrichten und Erziehen basieren auf der Fähigkeit zum Aufbau »hilfreicher Beziehungen«, wie es Carl Rogers, der Begründer der klientenzentrierten Gesprächstherapie, einmal auf den Punkt gebracht hat. Aus dieser Perspektive ist es eine Kernaufgabe guter Schulleitung, die Fähigkeit zum wertschätzenden Zuhören vorzuleben. Es geht darum, durch dialogische Kommunikation zum Aufbau hilfreicher Beziehungen zur gemeinsamen Problemlösung und Weiterentwicklung beizutragen.

Hierzu ist es notwendig, dass ein Schulleitungsteam, aber auch das Kollegium insgesamt, sich schrittweise fixierte Muster bzw. Routinen des eigenen bzw. institutionellen Handelns bewusst macht und durch optimierte Modelle ersetzt. Als hilfreich hat sich hier die Bildung von professionellen Lerngemeinschaften erwiesen, die in der Anfangsphase die zeitweise Unterstützung durch einen Coach benötigen. Bislang sind in den meisten Schulen für einen solchen Prozess allerdings weder die Einsicht noch die Bereitschaft und die Zeit sowie die sonstigen Ressourcen vorhanden.

Hier gilt es nach Wegen zu suchen, die Erkenntnisse umzusetzen, denn – anders als manche Bildungsforscher meinen – haben Schule und Pädagogik weniger ein Erkenntnis- als eher ein Umsetzungsdefizit. Zusammen mit meinen Kollegen, den Wirtschaftsprofessoren Arnd Gottschalk und Michael Freiboth, sind wir bei unseren Beratungen von Bildungseinrichtungen und Unternehmen auf eine Ursache gestoßen: die »Transformationslücke«.

Die Transformationslücke

So werde ich nach meinen Vorträgen über Positive Pädagogik, Team-Flow und die Schule der Zukunft immer wieder gefragt, warum das Bildungssystem und insbesondere unsere Schulen ein so großes Beharrungsvermögen aufweisen, obwohl wir doch mittlerweile über eine Vielzahl empirischer Untersuchungen verfügen, die unser Bildungssystem im Allgemeinen und die Schule im Besonderen detailliert analysiert haben. Eigentlich müssten wir die Stellschrauben kennen und wissen, was zu tun ist. Dennoch machen wir in vielen Bereichen keine oder nur geringe Fortschritte, etwa bei der Herstellung von Chancengleichheit, der Realisierung umfassender Inklusion, dem Aufbau einer wertschätzenden Schulkultur, dem Ausbau der Teamarbeit oder dem Abbau von Belastungen, um nur einige der Baustellen zu benennen. Was hindert uns daran, die reichhaltigen Erkenntnisse, die wir über gelingende Bildungsprozesse haben, in wirksame Handlungen und die Erneuerung von Schule und Unterricht zu übersetzen?

Veränderung der Aufgabenbereiche der Schulleitungen

War Schulleitung vor Jahren noch ein überschaubarer Aufgabenbereich, so haben sich die Rahmenbedingungen der Schule in den letzten Jahren dramatisch verändert.

Rationalisierungsmaßnahmen auf der oberen und mittleren Ebene der Schulverwaltung haben zu einer Verlagerung von Verwaltungsaufgaben auf die Schulleitungsebene geführt. Schulleiter leiden unter dieser deutlichen Mehrbelastung und fühlen sich immer mehr als Verwalter und immer weniger als Gestalter ihrer Schulen. Für Innovationen bleibt einfach keine Zeit und den Schulleitern fehlt manchmal die Kraft, um Schulentwicklung zu initiieren.

Defizitorientierung der Schule

Schulleitung und Kollegium sind zu oft von einer Defizitorientierung geprägt. Wer unentwegt als Fehlerfahnder unterwegs ist, wird schwerlich zum Schatzsucher mutieren, der seinen Fokus darauf richten kann, was innovativ und gut ist. Die von der Schulleitung angeregten Veränderungsprozesse werden im Kollegium oft nur auf ihre Problemfelder hin analysiert, die dann von den Wortführern auf den nachfolgenden Konferenzen als Widerstände artikuliert werden. Das bekannte »Ja, aber« der Bedenkenträger führt zu einer Vermeidungshaltung aller Beteiligten und zur Beibehaltung des Bestehenden. Neben dem Bedürfnis, an »bewährten« Routinen festzuhalten, scheitern Veränderungsprozesse häufig auch an der ungenügenden Einbeziehung der Betroffenen durch die Schulleitung und an einem Mangel an symmetrischer Kommunikation. Aus konstruktivistischer Perspektive geht es darum, den Wandel auf Augenhöhe anzustoßen, indem man den Blick auf die vorhandenen Stärken der Beteiligten für die Bewältigung der anstehenden Herausforderungen lenkt und die Chancen, die durch das Neue entstehen, hervorhebt.

Aus der Perspektive der Positiven Pädagogik können Widerstände auch wichtige Hinweise für notwendige Korrekturen geben. Statt von den Widerständen zu lernen und sie als Herausforderungen zu begreifen, begeben sich Schulleitung und Kollegium allzu oft auf die Suche nach vermeintlicher Wahrheit. Die eigentliche Aufgabe, gemeinsam etwas zu bewirken, tritt dafür in den Hintergrund.

Angst vor Veränderungen

Schulleiter und Kollegium geraten durch technische, wirtschaftliche und gesellschaftliche Veränderungen, die in vielfacher Hinsicht auch die Schule betreffen, unter Druck. Dieser Veränderungsdruck wird nur selten als positive Herausforderung begriffen, sondern erzeugt oft Angst, die dazu führt, dass man an überkommenen Mustern festhält. Zudem weiß man bei Veränderungen nie, ob sie die erwarteten Verbesserungen wirklich liefern. In dieser Hinsicht haben die Kolleg/innen in den letzten Jahren ja viele negative Beispiele erfahren.

»The next big thing is education«

Wenn man nach Beispielen sucht, die einem zeigen können, wie Wandel positiv erfahren und sogar als faszinierende Herausforderung begriffen wird, deren Chancen es zu nutzen gilt, dann muss man sich ins Silicon Valley begeben. Welchen Perspektivenwechsel man dort vollziehen kann, hat Christoph Keese (2014) beschrieben. Der Springer-Vorstand begab sich mit seinen Kollegen für ein halbes Jahr nach Paolo Alto im Silicon Valley, um herauszufinden, was das Erfolgsgeheimnis dieser Innovationsregion ist, wie die Akteure dort permanenten Wandel quasi high-speed-mäßig vorantreiben und was das für uns bedeutet. Bildung, so seine Einsicht in einem Gespräch, das ich in der Presselounge des Springer-Verlages mit ihm führte, ist der Schlüssel. Dabei geht es aus der Perspektive der Innovatoren des Valleys aber nicht um die alte Klassenzimmerpädagogik, sondern ganz im Sinne Scharmers um die Befähigung zu ko-kreativem Gestalten.

Keese fragte mich denn auch, ob es nicht überfällig sei, dass Schüler/innen programmieren lernten, denn mit einer App kann man heute quasi vom Schreibtisch aus die Welt verändern. »The next big thing is education«, meinte denn auch Apple-Gründer Steve Jobs kurz vor seinem Tod. Und er wusste auch schon früher, wie man zu Innovationen kommt. Man muss sein »Element« finden, die Sache, von der man begeistert ist, und eine unterstützende Umgebung finden oder schaffen, etwas in dem man ein Synergie-Team mit unterschiedlichen, sich gegenseitig ergänzenden Kompetenzen bildet; ein Team, das diese Begeisterung in Handlungen, Innovationen und/oder Produkte umsetzen kann. Jobs wörtlich:

> »My model for business is The Beatles … They were four guys who kept each other's kind of negative tendencies in check. They balanced each other and the total was greater than the sum of its parts. That's how I see business. Great things are never done by single persons. They are done by a team of people« (Steve Jobs 2003, www.youtube.com/watch?v=1QfK9UokAIo).

Was Jobs hier anhand des funktionierenden Team-Modells der Beatles beschreibt, kann uns auch für die Gestaltung von Lehrerarbeit und Unterricht wichtige Hinweise geben. Veränderung in Schule ist demnach nicht nur deshalb so schwierig, weil es an unterstützenden Rahmenbedingungen mangelt, sondern auch, weil es an einer funktionierenden Team-Kultur fehlt, die nicht nur zu Entwicklung einer innovativen Unterrichtskultur, sondern auch zu Entlastung durch »Team-Flow« (Burow 2015) beitragen könnte. Nicht nur Schulen, sondern auch Firmen stehen in diesem Sinne vor der Herausforderung, kreativitätsförderliche Umgebungen zu schaffen, hemmende Herausforderungen und bürokratische Strukturen abzubauen, um lehr-lern- und veränderungsförderliche Umgebungen zu designen, die von den Leidenschaften und Neigungen der Beteiligten getragen werden. Wie der Hirnforscher Gerald Hüther betont: »Begeisterung ist Dünger fürs Gehirn.« Und nicht nur das: Sie ist die Triebkraft für den Aufbau attraktiver Organisationen.

Was die Normopathen der Bildungsbürokratie, die immer noch dabei sind, Schulen mit einem engen Netz von behindernden Regelungen einzuengen, nicht verstanden haben, ist, dass es auf permanenten Wandel ankommt, der nur von engagierten Lehrkräften selbst in ko-kreativer Kooperation mit den Schüler/innen vorangetrieben werden kann. Die einzige sichere Konstante der derzeitigen Gesellschaftsentwicklung ist ein umfassender Wandel fast aller Bereiche, der sich unablässig beschleunigt, und diese Anforderung zum Wandel betrifft in Zeiten von Digitalisierung und Globalisierung Schulen in besonderer Weise. Permanenter »Change« von Personen, Organisationen und Strukturen ist die Herausforderung, vor der wir alle stehen. Doch diese Anforderung löst nur selten Begeisterung aus. Warum erzeugt Wandel so viel Widerstand?

Wenn man betrachtet, worum es bei Wandel geht, dann scheint der Weg doch klar zu sein: Wir haben einen Zustand A und wollen einen Zustand B erreichen, in dem vieles besser ist und die jeweiligen Herausforderungen gelöst sind. Führungskräfte glauben oft, sie müssten nur einen Plan machen, die Ziele verkünden und dann würden diese umgesetzt. Doch sie machen die Rechnung ohne die Mitarbeiter. Diese wollen bei Zielfindung und Umsetzungsstrategie unter Berücksichtigung ihrer spezifischen Fähigkeiten einbezogen werden. Vor allem wollen sie wissen, was die Veränderung für sie bringt. Wie Abbildung 4 verdeutlichen soll, kommen Sie nach B nur, wenn Sie über eine anziehende Vision verfügen und die Mitarbeiter einbeziehen bzw. bevollmächtigen.

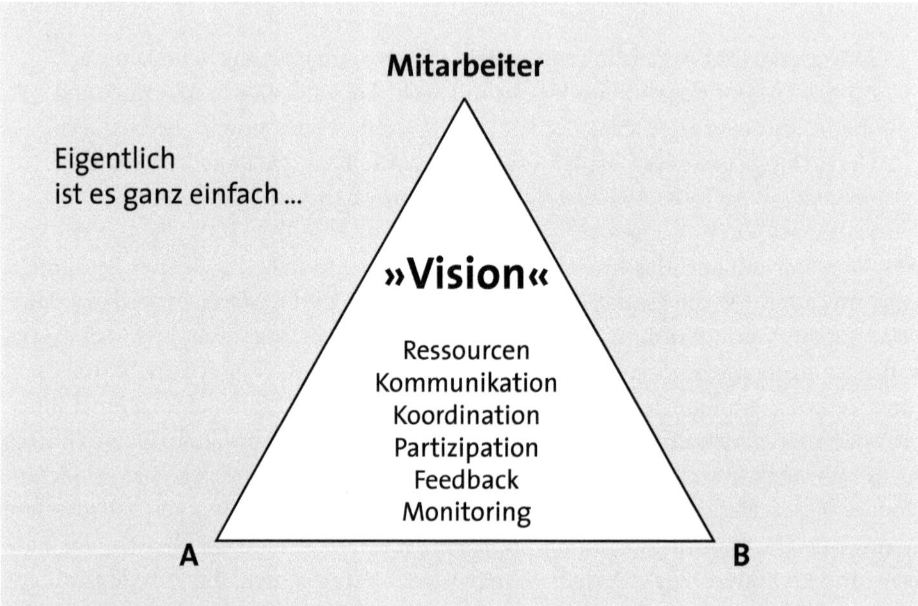

Abb. 4: Der Weg zum Change

Wenn die Vision klar ist, muss sie auf konkrete Handlungsanforderungen heruntergebrochen werden. Nötig sind eine klare Zieldefinition sowie die systematische Beobachtung und Überwachung aller Variablen des jeweiligen Veränderungsprozesses – am besten durch eine »Steuergruppe«, die besser als »Gestaltungsgruppe« bezeichnet werden sollte, denn es handelt sich beim Change um gemeinsame Zukunftsgestaltung. Kontinuierliches Feedback im Prozess ist ebenso wichtig wie die Koordination und die Zurverfügungstellung angemessener Ressourcen. Dies alles muss getragen werden von einem gemeinsam entwickelten und getragenen attraktiven Zukunftsbild, einer »Vision«, die bildhaft ausdrückt, wie der veränderte Zustand, den wir erreichen wollen, aussieht.

Was hier so einfach erscheint, erweist sich im Alltag als äußerst schwierig. Dabei gilt: Widerstand gegen Wandel und scheiternde Veränderungsprozesse sind keine Probleme, die allein Schulen betreffen. Im Gegenteil: Auch im Bereich der Wirtschaft beißen Führungskräfte – selbst mit Unterstützung spezialisierter Unternehmensberatungen – oft auf Granit, wenn sie versuchen, ihre Mitarbeiter/innen für die Umsetzung neuer Prozesse oder für optimiertes Verhalten zu gewinnen. Die Auseinandersetzung mit Change-Modellen aus der Wirtschaft kann uns deshalb auch Aufschluss darüber geben, warum Change scheitert, und mit der Analyse der Hinderungsfaktoren Hinweise geben, wie wir Wandel erfolgreich gestalten können.

Doch hier haben wir die Qual der Wahl, denn wer sich auf die Suche begibt und zum Beispiel beim Buchversender »amazon« den Begriff »Change-Management« eingibt, wird sich schnell erschlagen fühlen, werden ihm doch tausende Titel angeboten, wobei Vergleiche aus dem Tierreich sich in diesem Feld offenbar besonderer Popularität erfreuen. So zum Beispiel die millionenfach verkaufte »Mäusestrategie für Manager« von Spencer Johnson (2000), der mithilfe einer Fabel verspricht, Veränderungen erfolgreich begegnen zu können:

Zwei Mäusepaare leben zufrieden und ohne Sorgen in einem Labyrinth, denn immer wieder finden sie gut gefüllte Käselager. Doch eines Tages ist der Vorrat erschöpft. »Grübel und Knobel«, so wird das eine Paar charakterisiert, beginnen Theorien darüber zu entwickeln, darunter auch Verschwörungstheorien, warum es keinen Käse mehr gibt und was man dagegen tun könnte. Während diese Theoretiker in ihrer Höhle bleiben und verhungern, wählen »Schnüffel und Such« eine andere Strategie: Sie gehen das Wagnis ein, ihre sichere Höhle zu verlassen und beschreiten im weit verzweigten Labyrinth neue Wege – und erzielen mit dieser Strategie nach einiger Zeit und vielen Schwierigkeiten Erfolg. Die äußerst knappen Episoden dieser Parabel, die im Englischen unter dem Titel »Who moved my cheese?« (1999) erschienen ist, sind mit simplen Kerneinsichten versehen, die durchaus auch in ironischer Überspitzung auf den Punkt bringen sollen, warum Change scheitert und wie er gelingen kann:

- Wer Käse hat, ist glücklich.
- Je wichtiger dir dein Käse ist, desto mehr möchtest du ihn behalten.
- Wer sich nicht ändert, kann untergehen.
- Was würdest du tun, wenn du keine Angst hättest?
- Schnupper oft am Käse, damit du merkst, wenn er alt wird.
- Wer eine neue Richtung einschlägt, findet leichter neuen Käse.
- Wer losgeht und seine Angst hinter sich lässt, fühlt sich frei.
- Allein schon die Vorstellung, wie mir der neue Käse schmecken wird, führt mich zu ihm.
- Je schneller du den alten Käse sausen lässt, desto schneller findest du neuen.
- Selbst im Labyrinth suchen ist sicherer, als ohne Käse zu sein.
- Alte Überzeugungen führen nicht zu neuem Käse.
- Wenn du erkennst, dass du neuen Käse finden und genießen kannst, änderst du den Kurs.

Vielleicht fragen Sie sich nach der Lektüre dieser banal wirkenden Einsichten jetzt – so wie es mir beim ersten Lesen dieses schmalen Büchleins ging – was soll dieser typisch amerikanische »Käse«?

Es handelt sich um den verzweifelten Versuch, die grundlegenden Einsichten des Change-Managements auf ungewöhnliche Weise zu vermitteln. Und dies aus gutem

Grunde, denn wie Untersuchungen von McKinsey zeigen, scheitern bis zu 70 Prozent aller Top-down-Veränderungsprozesse. In Abbildung 5 habe ich die Hauptursachen zusammengefasst:

Zehn Barrieren nach McKinsey

- Unzureichendes Engagement der Führungskräfte [61 %]
- Unklare Zielbilder und Visionen [56 %]
- Fehlende Erfahrungen der F-Kräfte im Umgang mit von Verunsicherung betroffenen Mitarbeitern [56 %]
- Uneinigkeit auf der obersten Führungsebene [56 %]
- Mangelnde Unterstützung aus dem Linienmanagement [52 %]
- Lückenhafte oder verspätete Information der Mitarbeiter [50 %]
- Unzureichende Möglichkeiten zur Bewältigung von Ängsten und Widerständen der Mitarbeiter [46 %]
- Vernachlässigung psychologischer Faktoren in der Projektplanung [43 %]
- Ungenügende personelle Ressourcen [37 %]
- Wenig Vertrauen in die Kommunikation zwischen Mitarbeitern und Führungskräften [36 %]
- …

Abb. 5: Zehn Barrieren für Veränderungsprozesse nach McKinsey (2008)

So wie es im Unterricht vor allem auf die Person des Lehrers ankommt, so sind in Veränderungsprozessen die authentische Haltung der Führungskräfte, der innere Ort ihres Handelns sowie ihr Engagement entscheidend. Wenn Führungskräfte – also auch Schulleitungen, Lehrerinnen und Lehrer oder vorgesetzte Behörden – das, was sie predigen, nicht authentisch leben, verpuffen ihre Bemühungen wirkungslos. Beim Change geht es also weniger um Anordnungen von oben, sondern stärker um einen gemeinsam gestalteten Veränderungsprozess, der Strukturen und Haltungen gleichermaßen betrifft. Scharmer lässt grüßen.

Wenn Sie an Ihrer Schule Veränderungsprojekte angehen wollen, dann besteht der erste Schritt also darin, sich im Schulleitungsteam bzw. in der Steuergruppe darüber klar zu werden, mit wie viel eigenem Engagement über welchen Zeitraum hinweg Sie bereit sind, wie viele eigene Ressourcen einzubringen, um den Prozess zu unterstützen. Ohne eine anziehende und klare, gemeinsam entwickelte Vision geht das kaum, und ohne Unterstützung durch die Schlüsselpersonen des Systems, eine »guiding coalition«, werden Sie scheitern. Was sagt die Wissenschaft zu Erfolgsfaktoren oder anders gefragt: Wie können Sie die Transformationslücke schließen?

Was sagt die Forschung zu Erfolgsfaktoren?

Mutaree-Studie:

- Mitarbeiterbeteiligung [72 %]
- Übernahme von Verantwortung [67 %]
- Motivationskraft der Führungskräfte [60 %]
- Konfliktfähigkeit [49 %]

McKinsey befragte 350 Führungskräfte:

- Ausreichende Ressourcen
- Koordination und Kommunikation
- Partizipation
- Feedback
- Monitoring

Abb. 6: Erfolgsfaktoren für Veränderungsprozesse

Auf den Punkt gebracht: Umfassende Mitarbeiterbeteiligung, die Verteilung der Verantwortung für die Umsetzung auf viele Schultern, die Beschränkung auf klare Ziele, die systematisch angegangen und durch ausreichende Ressourcen unterstützt werden. Die Stufen, die bei einem erfolgreichen Change-Projekt berücksichtigt werden müssen, damit die Transformationslücke geschlossen werden kann, hat der Management-Experte John P. Kotter in seinem Buch »Leading Change« (2011) beschrieben und mit dem »Pinguin-Prinzip« (Kotter & Rathgeber 2006) zu einer anschaulichen Fabel verdichtet.

Das Pinguin-Prinzip

Versuchte es Spencer Johnson mit der Mäusestrategie, setzt der Change-Experte John P. Kotter auf das Pinguin-Prinzip. Auch er hofft auf die Überzeugungskraft einer Fabel, nur ist hier die Existenz der Population nicht durch das Verschwinden der Nahrungsgrundlagen, dem Käse, bedroht, sondern durch einen schmelzenden Eisberg. Ein besonders aufgeweckter Pinguin namens Fred entdeckt Risse im Eis und sagt den drohenden Untergang voraus. Doch der oberste Rat der Pinguine hält ihn zunächst für einen Spinner, denn der Eisberg war ja seit Pinguine denken können ihre sichere Heimat. Fred wird schließlich eingeladen, das Problem zu schildern, doch er kann die Ratsmitglieder nicht überzeugen. Fred forscht unbeirrt weiter, um Beweise für seine These zu bekommen, findet nach und nach Anhänger, bildet eine *Koalition der Unterstützer* für seine Theorie, und entwickelt unter Hinzuziehung eines Experten eine Lösung für das Problem: Die Übersiedelung auf einen anderen Eisberg – eine Idee, die natürlich Ängste und Widerstände hervorruft – zumal bei der Übersiedelung Gefahren durch Raubfische lauern.

Viele Pinguine fragen sich deshalb, warum sie Fred in eine ungewisse Zukunft folgen sollten. Doch Fred gelingt es – zusammen mit seinen Unterstützern –, ein *Bedrohungsszenario* aufzubauen und dagegen die sichere Zukunft auf dem neuen Eisberg in den schönsten Farben auszumalen, sodass seine *Vision* vom besseren Leben an einem sicheren Ort allmählich an Überzeugungskraft gewinnt. Schließlich werden Kundschafter beauftragt, einen geeigneten Eisberg zu finden, und endlich siedelt die Kolonie über.

Kotters Fabel mündet in einen achtstufigen Prozess, der den Erfolg von Change sichern soll und den er in »Leading Change« (2011) aufgrund der Auswertung von Projekten leicht modifiziert hat. Demnach sind folgende Stufen zu beachten:

(1) Erzeugen Sie ein Gefühl der Dringlichkeit.
(2) Bauen Sie eine Führungskoalition auf.
(3) Entwickeln Sie eine Vision und eine Strategie.
(4) Kommunizieren Sie die Vision des Wandels.
(5) Befähigen Sie die Mitarbeiter auf breiter Basis.
(6) Sorgen Sie für schnelle Erfolge.
(7) Sichern Sie die ersten Erfolge und leiten Sie weitere Veränderungsschritte ein.
(8) Verankern Sie die neuen Ansätze in der Kultur Ihrer Organisation.

Sie werden sich jetzt sicher fragen, was Sie von diesem Konzept auf Schulleitung und Schulentwicklung übertragen können, ist doch die Ausgangslage von Schulen grundsätzlich anders. Für Unternehmen hat das Gefühl der Dringlichkeit eine existenzielle Bedeutung, können sie doch – anders als Schulen – Pleite gehen. Zwar wird der staatliche Bildungsbereich in den nächsten Jahren – unter den Vorzeichen von Digitalisierung und Globalisierung – eine wachsende Konkurrenz durch private Bildungsträger und Lehr-Lernplattformen sowie mobiles Lernen bekommen, doch scheint seine Existenz einstweilen gesichert.

Zukunftsbilder sind Treiber des Wandels

Die Dringlichkeit ergibt sich hier aus anderen Gründen: etwa durch das veränderte Lernverhalten von Schülern, die wachsende Gesundheitsbelastung von Lehrern, die Zunahme von Anforderungen wie Qualitätsmanagement, Evaluation und Vergleichsarbeiten, Inklusion und vieles mehr. Insofern würde ich hier – anders als Kotter – die *Entwicklung einer attraktiven, zukunftsfähigen Vision für die Zukunft der eigenen Schule* an die erste Stelle setzen. Das Gefühl der Dringlichkeit ergibt sich hier nicht nur aus der Notwendigkeit, Belastungen abzubauen und gleichzeitig für bessere Ergebnisse zu sorgen, sondern auch aus der pädagogischen Sinngebung: »Gemeinsam für bessere Bildung sorgen« lautet etwa die Vision des Niedersächsischen Landesinstituts für schulische Qualitätsentwicklung (NLQ). Sie geht in die »richtige« Richtung, ist aber aus meiner Sicht noch zu schwach, denn in Zukunft wird es weniger um »verbessern«, sondern immer häufiger um »erneuern« bzw. radikal neu gestalten gehen (vgl. »Schule der Zukunft« – Burow 2022) gehen.

Fragen, die sich jede Schule am Anfang eines Schulentwicklungsprozesses stellen sollte, lauten:

- Was ist unsere besondere Vision?
- Was ist das Ziel, das uns alle begeistert?
- Wofür wollen wir uns engagieren?
- Was ist unsere Sehnsucht? Was liegt uns am Herzen?
- Worin sind wir einzigartig und was möchten wir in den nächsten zehn Jahren erreichen?
- Wie sehen unsere Schule, unser Unterricht und unsere Schulkultur in zehn Jahren aus, wenn es uns gelungen ist, unsere Wünsche umzusetzen?

Die Dringlichkeit ergibt sich hier aus einer Sinnbestimmung, die über das Abarbeiten behördlicher Vorgaben hinausgeht, denn schließlich ist unsere Arbeit entscheidend für die Zukunft der uns anvertrauten Schülerinnen und Schüler. Insofern hat Pädagogenarbeit immer auch einen besonderen Sinnüberschuss, der durch eine gemeinsam entwickelte, anziehende Zukunftsvision eingefangen werden muss. Gemeinsam entwickelte Zukunftsbilder sind der Treiber des Wandels.

Wie Abbildung 7 zeigt, ist es dabei wichtig, sich von den Zwängen der Gegenwart zu lösen, sich vom Mehr-desselben-Prinzip zu verabschieden, um zu transformativem Denken vorzudringen. Die Transformationslücke entsteht aus dieser Perspektive auch aus einem Mangel an Gestaltungsfantasie. Wir hängen zu oft in den Routinen von gestern, die ungeeignet sind, die Probleme von morgen zu lösen. Von daher geht es in Change-Prozessen immer auch darum, ko-kreative Gestaltungslust bei allen Beteiligten freizusetzen, ein Ansatz, den wir seit vielen Jahren in unseren Zukunftswerkstätten mit vielen Kollegien umgesetzt und weiterentwickelt haben (Burow 2011/2014/2015).

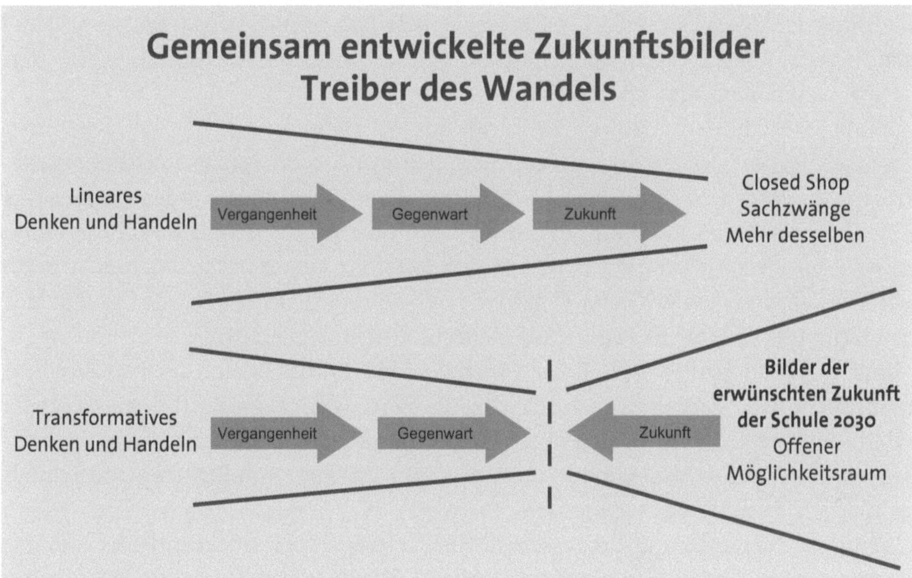

Abb. 7: Zukunftsbilder – Treiber des Wandels

Wie die Abbildung verdeutlichen soll, enden wir mit dem Mehr-desselben-Denken in der Sachzwangsfalle, weil wir überholte Lösungen in die Zukunft verlängern, also aus Sicht der Mäusestrategien am »alten Käse« hängen und unfähig sind, neue Wege zu gehen. Wenn wir dagegen – wie in der Zukunftswerkstatt – die Blickrichtung umdrehen und die Gegenwart von unseren Wünschen bzw. der von uns erträumten Zukunft aus betrachten, erkennen wir unseren Gestaltungsspielraum und dringen damit zu transformativem Denken und Handeln vor.

Wie lautet der Change Code Ihrer Schule?

Wie ich in »Digitale Dividende« (Burow 2014 und »Schule der Zukunft« (Burow 2022)) detailliert beschrieben habe, wird die Schule der Zukunft aufgrund des rasanten technologischen und gesellschaftlichen Wandels sich in den nächsten Jahren grundlegend verändern. Deshalb ist eine Strategie, die lediglich versucht, das bestehende System zu optimieren, unzureichend. Schulen, die zukunftsfähig sein wollen, brauchen einen »Change Code«, denn wenn wir unsere Schulen zukunftsfit machen wollen, dann müssen wir Schule und Unterricht – zumindest in Teilen – bezogen auf unsere pädagogischen Leitvorstellungen und die geänderten Anforderungen neu erfinden.

Das hierfür nötige Wissen ist zu einem beachtlichen Teil in uns selbst, also in den Lehr-Lernerfahrungen von Lehrern und Schülern vorhanden, die es zu nutzen gilt. Hierfür habe ich das bereits erwähnte Verfahren der »*Wertschätzenden Diagnose*«, die Teil des Leadership-Kompasses ist, entwickelt: Indem Schulleitungen Orte schaffen, in denen sich alle an Schule beteiligten Personen über Situationen gelungenen Lernens und Unterrichtens austauschen, erhalten sie viele Hinweise darüber, was sie wie ändern müssen. Im gemeinsamen Nachspüren dieser prägenden Erfahrungen erspüren wir gewissenmaßen mögliche Zukünfte.

Bei der Vielzahl der entstehenden Ideen und Vorstellungen dürfen wir aber nicht vergessen, uns *auf zwei bis drei große Ziele zu beschränken*, die gemäß Kotters Pinguin-Prinzip von einer *Führungs- bzw. Unterstützerkoalition* getragen werden sollten. Um diese Ziele zu erreichen, kommt es auf die *kontinuierliche Kommunikation der Vision und der Umsetzungsschritte* an, bisweilen auch unter Einsatz von Fachautoritäten, denn Lehrer/innen sind eine kritische Zielgruppe, die wissenschaftliche Belege braucht, um dazu motiviert zu sein, ihr Handeln und ihre Routinen zu ändern.

Kollegien brauchen *fachspezifische Unterstützung*, um das Neue zu entwickeln und umzusetzen. Viele Vorhaben – zum Beispiel im Bereich der Inklusion – scheitern, weil es den Mitarbeiter/innen an den notwendigen fachlichen und sozialen Kompetenzen mangelt. Der Veränderungsprozess muss also ganz im Sinne von Kotters Stufe 5 durch qualifizierte Fortbildung begleitet sein.

Wenn der Veränderungsprozess erst einmal eingeleitet ist, kommt es auf das *Sichtbarmachen und Feiern erster Erfolge* (»quick wins«) an, denn die Würdigung der erfolgten Umsetzungsschritte ist äußerst wichtig für die Aufrechterhaltung der

Veränderungsbereitschaft und auch für die Unterstützung etwa durch die kritische Elternschaft.

Essenziell ist auch die *kontinuierliche Überprüfung und Dokumentation der Fortschritte* und deren *Verankerung in der Kultur der Schule*, etwa in Form von Leitbildern, Ritualen und sonstigen sichtbaren Artefakten, die gemeinsam entwickelt und auch gelebt werden. Ein klarer *Change Code*, bestehend aus drei Kernwerten, ist dabei ebenso hilfreich wie die Entwicklung von schulspezifischen Ritualen, organisatorischen Strukturen etc. Für den Veränderungsprozess der PH Linz haben wir zum Beispiel die Kernwerte »wertebasiert – professionsbildend – praxisstark« zusammen mit dem Leitungsteam entwickelt. Dies ist nur der erste Schritt, denn anschließend geht es darum, diese Leitwerte in der Kultur und dem Alltagshandeln der Institution zu verankern. Hieran hapert es häufig: Von Zeit zu Zeit ist deshalb ein »*Change Check*« notwendig, der der Überprüfung des Erreichten dient und gegebenenfalls einer Modifizierung der Ziele bedarf.

Von der Einzelschule zum regionalen Netzwerk

Nachdem lange Zeit die »Schule als elementare Handlungseinheit« zum Ausgangspunkt von Schulentwicklungsprozessen genommen wurde, erhofft man sich seit einiger Zeit durch regionale Bildungsnetzwerke bzw. Bildungslandschaften mehr Einwirkungsmöglichkeiten, um die Transformationslücke zu schließen. Wenngleich es weiterhin zutrifft, dass es vor allem auf die Entwicklung der Einzelschule und hier vor allem die Verbesserung des Unterrichts ankommt, so zeigen doch Forschungen zur Wirkung sozialer Milieus und regionaler Rahmenbedingungen (z. B. Christakis & Fowler 2010), dass ein nachhaltiger Veränderungsprozess nur möglich ist, wenn die Schlüsselpersonen des jeweiligen Einzugsbereichs einbezogen werden, denn das Umgebungsfeld bestimmt die Veränderungsmöglichkeiten in hohem Maß.

Ein Mittel hierfür sind regionale Bildungskonferenzen, auf denen ein Lenkungskreis organisiert wird, der oft auch mit Unterstützung eines regionalen Bildungsbüros (so in NRW) die Zusammenarbeit der verschiedenen Bildungsträger koordiniert.

Im Sinne des oben beschriebenen Pinguin-Prinzips Kotters geht es hier darum, neben der Einrichtung einer Führungs-Koalition an der eigenen Schule auch eine *Unterstützungskoalition auf Ebene des Stadtteils, des Bezirks, der Region etc.* zu schaffen, die es ermöglicht, die unterschiedlichen Ressourcen und Kompetenzen auf die Umsetzung einer gemeinsamen Vision zu fokussieren und Synergien zu schaffen. Hierbei können unterschiedlich akzentuierte Bildungspartnerschaften entstehen.

Ein Beispiel dafür ist das »Kulturnetz Oldenburg«, wo es gelang, alle Kulturträger der Stadt mit den Schulen zu vernetzen, um die verstreuten Ressourcen und Kompetenzen für Programme kultureller Bildung zu nutzen und gleichzeitig das Profil der Stadt Oldenburg als Kulturträger zu stärken.

Die Kooperation der verschiedenen Bildungsträger kann dazu beitragen, dass durch Vernetzung und gegenseitige Unterstützung eine »Aufwärtsspirale« in Gang kommt, von der alle profitieren.

In seinem Gutachten zur Arbeit von 18 regionalen Bildungsnetzwerken in NRW hat H.-G. Rolff (2015) die »Baustellen« und Probleme der Partnerschaften in selbstgesteuerten Projektverbünden erhoben und Empfehlungen für eine optimierter Weiterarbeit gegeben, die wichtige Anregungen für wirksames Bildungsmanagement enthalten. Nachfolgend führe ich die wichtigsten Einsichten auf:

Baustellen und Probleme:

- Viele Bildungskonferenzen (BK) tagen nur einmal im Jahr und leiden unter unklaren Aufgabendefinitionen.
- Nur zwei BKs verfügen über regionale Bildungsberichte.
- Nur 5 von 18 BKs verfügen über Leitbilder und ein pointiertes Zielsystem.
- Die Verbindung der BKs zu den Trägern der Regional- und Kommunalpolitik ist unterentwickelt.
- Die BKs konkurrieren um Fördermittel mit anderen Programmen.
- Die verschiedenen Förderprogramme laufen nebeneinander und sind nicht koordiniert.

Lösungsvorschläge:

- Partizipative Entwicklung von Leitbildern für die regionalen Netzwerke bzw. Partner in selbstgesteuerten Projektverbünden, die sich auf zwei bis vier große Ziele fokussieren
- Regelmäßige Bildungsberichte über Projektvorhaben und erzielte Erfolge
- Selbstevaluation durch Peer-Review, etwa indem Schulen und ihre Partner sich gegenseitig Feedback geben und beraten
- Kooperationsverträge und Rollen- bzw. Aufgabenklärung

Ich selbst arbeite seit vielen Jahren mit einer modifizierten Form der Zukunftskonferenz, die es ermöglicht – etwa im Rahmen einer Auftaktveranstaltung – die Bildungsträger einer Region in einer zweitätigen, partizipationsorientierten Konferenz zu vernetzen.

Wie Abbildung 8 zeigt, geht es bei der Entwicklung der Einzelschule wie auch bei dem Aufbau regionaler Bildungsnetzwerke darum, Fragmentierung durch den Einbezug der Schlüsselpersonen aus den Bezugsbereichen der jeweiligen Region aufzuheben und sie zu einem zukunftsorientierten ko-kreativen Dialog zusammenzubringen, um den »gemeinsamen Grund« herauszuarbeiten, eine gemeinsame Zukunftsvision zu entwickeln und Projektteams zu bilden bzw. Kreative Felder (Burow 1999/2015) zu erzeugen.

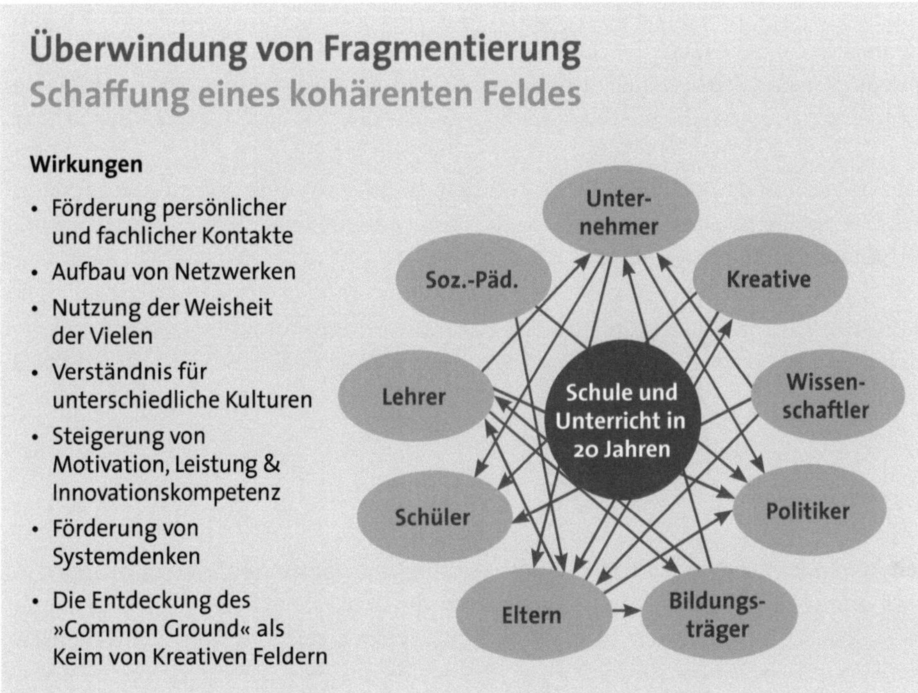

Abb. 8: Überwindung von Fragmentierung – Schaffung eines kohärenten Feldes

Lehrer/in – ein überfordernder Beruf?

Wenn man sich fragt, warum sich Schulen im Unterschied zu anderen gesellschaftlichen Bereichen so wenig ändern, dann reicht es nicht aus, das Verharren in alten Mustern mit ungünstigen Rahmenbedingungen zu erklären, sondern dann spielt auch das Beharrungsvermögen der Lehrkräfte selbst eine zentrale Rolle. Warum beharren Lehrer/innen auf tradierten Mustern des Lehrerhandelns und warum sind zu wenige wirklich innovativ?

Diese Frage stellen mir immer wieder engagierte Schulleiter/innen, die sich mit bemühen, ihre Schulen auf den neuesten Stand zu bringen, etwa durch die Abkehr vom Übergewicht des Frontalunterrichts zu mehr selbstgesteuertem Lernen; die mit den Neuen Medien, etwa in iPad-Klassen experimentieren; die jahrgangs- und fächerübergreifenden, inklusiven Unterricht und vieles mehr einführen wollen. Viele von ihnen scheitern und klagen über den Widerstand des Kollegiums. Die Engagierten suchen nach Wegen, wie sie in ihrer Schule eine begeisternde Aufbruchsstimmung erzeugen können. Doch häufig ist die Stimmung ganz anders.

Lehrer/innen selbst führen ihren Widerstand auf ungünstige Rahmenbedingungen zurück. Sie fühlen sich in ihrer Mehrzahl durch einen überfrachteten Lehrplan und eine wachsende Aufgabenfülle unter Zeitdruck gesetzt und beschreiben sich häufig als vielarmige Wesen, die durch die Vielzahl ständig wachsender Anforderungen überfordert sind. Viele wollen einfach in Ruhe gelassen werden, um den Routinen des Handelns zu folgen, die sich aus ihrer Sicht bewährt haben. Aufgrund der zahlreichen Reformvorhaben, die Schulen unter wechselnden Bildungspolitikern erlebt haben, herrscht auch eine zum Teil berechtigte Skepsis: Wandel erfordert eine Menge zusätzlicher Energie und Engagement und man kann nie sicher sein, ob sich der damit verbundene Aufwand lohnt.

Untersucht man die Ursachen der Innovationsfeindlichkeit von Kollegien, dann stößt man auf ein Bündel von Ursachen, von denen ich nachfolgend einige gemäß des in Teil I angeführten Zieldreiecks der Schulentwicklung (siehe Abb. 1, S. 21) auflisten möchte:

Chancengleichheit – »Equity«

Seit Jahren kommen immer neue Studien unterschiedlichster Forschungsgruppen zu dem immer gleichen Ergebnis, dass nämlich die deutsche Schule – sehr viel stärker als andere Schulsysteme der Welt – vor dem Ziel der Erreichung von Chancengleichheit versagt. Nach über 40 Jahren der Befassung mit dem Thema ist meine These, dass unsere gesellschaftlichen Eliten und auch die Mehrzahl der Bildungsverwaltungen entweder kein ernsthaftes Interesse am Erreichen dieses Zieles haben oder nicht in der Lage sind, einen ausreichenden politischen Druck aufzubauen. Angesichts der wachsenden Bildungspanik (Bude 2011) unterstützen viele Bildungsbürger die ausgrenzende Selektionspraxis, weil sie sich dafür Vorteile für ihren Nachwuchs erhoffen. Die Koalition risikoscheuer Politiker in Verbindung mit besitzstandswahrenden Eltern und konservativen Gymnasialvertretern sorgt seit Jahrzehnten dafür, dass die deutsche Schule nach wie vor eher eine Selektions- als eine Fördereinrichtung ist. Von einer wertschätzenden Schule sind wir meilenweit entfernt.

Wenngleich Bildungspolitiker das Ziel der Chancengleichheit in Feiertagsreden hochhalten, verabschieden sie doch unablässig Regelungen, die diesem Ziel widersprechen, mit dem Ergebnis, dass engagierte Lehrkräfte entmutigt werden. Wer wirklich Schule von Grund auf neu denken will, erhält keinerlei Unterstützung, sondern erntet im Gegenteil Widerstand und verfängt sich schnell in den Maschen überzogener bürokratischer Vorschriften – so die Kolleg/innen der Evangelischen Schule Berlin Mitte, die mich unlängst um Rat fragten und die angesichts der einschränkenden Vorgaben fast verzweifelt waren bei dem Versuch, die gymnasiale Oberstufe selbstbestimmter, projektartiger und kreativer zu gestalten. In diesen bürokratischen Hürden und der mangelnden Unterstützung durch die Politik, die Lehrer/innen und Schulleitungen noch zu oft wie unmündige Untergebene behandelt, und der daraus resultierenden Tendenz zur Entmutigung liegen einige der Ursachen für Veränderungsresistenz.

Hinzu kommt: Wie wir anhand der Einsichten aus dem Change-Management gesehen haben, sind Veränderungsprozesse nur dann erfolgreich durchzuführen, wenn sie von einer überzeugenden Vision getragen sind, die von der Spitze gewollt und authentisch gelebt wird. Davon ist die derzeitige Bildungspolitik weit entfernt.

Spitzenleistungen – »Excellence«

Eng mit dem Problem der mangelnden Chancengleichheit hängt die Stagnation bezüglich der Erzielung von Spitzenleistungen zusammen. In einem Schulsystem, das – wie Finnland – die Förderung aller Schüler/innen an die erste Stelle setzt, müssten die gesamte Lehreraus- und -weiterbildung sowie die Organisation schulischer Lehr-Lernprozesse auf didaktische Vielfalt zur individuellen Förderung abgestellt sein. Wir bräuchten *einen gesellschaftlichen Konsens und eine attraktive Vision*, die darauf abzielt, möglichst viele Kinder gemäß ihren individuellen Voraussetzungen und Neigungen an die Spitze zu bringen. Das Gegenteil ist derzeit der Fall. Noch immer ist die Schule für zu viele eine Entmutigungsanstalt.

Typisch dafür ist die Anfrage eines Gymnasiums nach einer Fortbildung, die ich unlängst erhielt. »Die neu aufgenommenen Schüler der fünften Klassen«, so teilte mir der Oberstudiendirektor mit, »sind für unsere Schule nicht geeignet.« Nach meiner Gegenfrage, ob vielleicht seine Schule nicht für diese Schüler geeignet sei, verzichtete der Schulleiter auf eine Fortbildung. Aus guten Gründen. Denn mit einer Fortbildung allein wäre es nicht getan, geht es doch um eine grundlegende Modernisierung von Unterricht und schulischer Organisation, die den Anforderungen einer zeitgemäßen inklusiven Pädagogik im Rahmen einer Schule für alle gerecht wird. Und dafür sind bislang weder ausreichende Ressourcen noch hinreichende politische Unterstützung gegeben.

Aber es geht um mehr. Wie ich in »Team-Flow – Gemeinsam wachsen im Kreativen Feld« (Burow 2015) anhand der Analyse des Entstehens von Spitzenleistungen herausgearbeitet habe, brauchen wir einen *neuen Leistungsbegriff*, der die oben erwähnten multiplen Intelligenzen Howard Gardners mit den veränderten Anforderungen der 21st-Century-Skills verbindet. Im Klartext: Die Befähigung zu ko-kreativem Gestalten im Team und zu »unternehmerischem Handeln« im Sinne Scharmers sind zentrale Herausforderungen, vor denen Schulleitungen, Lehrer/innen und Schüler/innen gleichermaßen stehen.

Diese Herausforderungen können nur bewältigt werden, wenn sich die Lehrerrekrutierung wie auch die Lehreraus- und -weiterbildung an den neuen Lagen orientieren und geeignete Zugangswege und Formate entwickeln.

Solange dies nicht der Fall ist und Lehrer/innen unsystematisch mit immer neuen Anforderungen überfallen werden, ohne eine klare Hintergrundvision, ohne Unterstützung und systematische Fortbildung, ohne attraktive Anreize etc. werden sie diesen Zumutungen widerstehen und auf ihren für sie bewährten Routinen beharren.

Wohlbefinden – »Well-Being«

Wie bereits oben erwähnt zeichnen Untersuchungen zur Belastung von Pädagog/innen ein dramatisches Bild: Obwohl Lehrer/innen über eine vergleichsweise hohe Berufszufriedenheit verfügen, sind sie gesundheitlich erheblich stärker belastet als die meisten Berufsgruppen. Wen wundert es da, dass sich viele den immer neuen Anforderungen zu entziehen suchen, zumal die mit der jeweiligen Maßnahme behauptete Qualitätsverbesserung oft tatsächlich zu einer Verschlechterung und höheren Belastung führt.

Von daher wird man das System Schule im Allgemeinen und die Lehrer/innen im Besonderen zu einem grundlegenden Wandel nur dann bewegen können, wenn die jeweiligen Veränderungsmaßnahmen in ein überzeugendes Gesamtkonzept Wertschätzender Schulentwicklung eingebunden sind, das zur spürbaren Qualitätsverbesserung und Entlastung gleichermaßen beiträgt. Mit überlasteten und überforderten Lehrern und Schülern kann man keine gute Schule machen.

Lehrer/in – wirklich ein überfordernder Beruf?

Betrachtet man die Auflistungen einschlägiger Untersuchungen zu Belastungen im Lehrerberuf, wie sie die erwähnte Übersichtsstudie des bayrischen Aktionsrat Bildung (2014), aber auch einschlägige Portale wie www.lehrerstress.de und mein Überblicksvortrag »Durch Schulentwicklung zum Glück?« (www.youtube.com/watch?v=LztXYm4SR24) bieten, dann erhält man den Eindruck, Lehrer/in ist ein überfordernder, ja unmöglicher Beruf. Demnach sind bis zu einem Drittel aller Lehrer/innen ausgebrannt und zwei Drittel fühlen sich zu stark beansprucht. Bis zu 10 Prozent der Lehrer/innen hätten sogar innerlich gekündigt. Eine Mehrzahl fühlt sich durch zunehmende Motivations-, Verhaltens- und Gewaltprobleme überfordert. Viele leiden unter der mangelnden gesellschaftlichen Anerkennung und fehlenden Aufstiegsmöglichkeiten. Als Einzelkämpfer leiden sie unter einem eingeschränkten Handlungsspielraum, der bisweilen noch durch schlechte Schulleitung verstärkt werden kann.

Bis zu 15 Konflikte und 200 Einzelentscheidungen müssen demnach Lehrer/innen in einer Unterrichtsstunde durchstehen, wodurch sie als höher belastet als Fluglotsen gelten. Anders als andere Berufsbilder enthält der Beruf zudem widersprüchliche Rollen- und Bewältigungserwartungen, müssen sich Lehrer/innen mit Generationenkonflikten auseinandersetzen und mehrfach konflikthafte pubertäre Phasen durchstehen.

Mögen auch manche der Belastungszahlen aus den empirischen Studien überhöht sein, beruhen sie doch wie bei der bekannten Schaarschmidt-Studie (2005) zum Teil auf Selbstauskünften, und mag auch meine pointierte Diagnose die Belastungsfaktoren an einigen Punkten überzeichnen, so bietet sich doch – auch wenn man Abstriche macht – insgesamt des Bild eines äußerst fordernden Berufes. Von daher muss Schulleitung bei Maßnahmen der Schulentwicklung die besondere Belastungssituation von Lehrer/innen im Blick haben.

Gute Schule braucht Gestaltungsfreiheit

Die gemeinsame Entwicklung einer attraktiven Vision, aus der zwei bis drei »big goals« abgleitet werden, sowie der Aufbau eines kontinuierlichen Unterstützungssystems, in das die »Schlüsselpersonen« der jeweiligen Bildungslandschaft einbezogen sind – dies sind wichtige Schritte auf dem Weg zur »guten Schule«.

Wie oben beschrieben sieht Rolff (2015) die Entwicklung regionaler Bildungsnetzwerke als eine wichtige Voraussetzung, um eine Veränderungskoalition und ein breites Unterstützungssystem zu schaffen, das erst der Einzelschule den nötigen Rahmen für erfolgreiche Schulentwicklung gibt, die losgelöst vom Gesamtsystem scheitern muss. Da Schulen durch die sie umgebende Region, ihr konkretes Umfeld, in ihren Gestaltungsmöglichkeiten stark geprägt sind, sollten sie den Aufbau solcher Netzwerke initiieren bzw. sich an ihnen beteiligen, um aktiver Teil der Bildungs- und Schulentwicklungsplanung der jeweiligen Region zu werden und Entwicklungspartnerschaften zu nutzen. Auch hier kommt es auf engagierte Schulleitungen an, die die gemeinsame Vision durch Bündnisbildung vorantreiben. Doch woher sollen Schulleitungen – angesichts der vielen Anforderungen – auch noch die dafür nötige Energie aufbringen?

Wie wir aus unseren Zukunftswerkstätten wissen, in denen wir bislang über 1 000 Schulleitungskräfte befragt haben, beschreiben Schulleitungen in der Tat Zeitdruck, zu hohe Aufgabendichte und überzogene bürokratische Regelungen als ihre Hauptbelastungsfaktoren. Wie die Auswertung der Visionenphasen, in denen die Kolleg/innen ihre Vorstellungen einer »gesunden« Schule entwickeln, zeigen, verfügen die meisten Schulleitungen durchaus über konkrete Vorstellungen, wie diese belastenden Missstände zu überwinden wären, doch es fehlt ihnen an Gestaltungsfreiheit und Unterstützung.

Meine *These fehlender Gestaltungsfreiheit* wird unterstützt durch die oben erwähnte internationale Vergleichsstudie von Bloom, Lemos, Sadun und Van Reenen (2014), die der Frage »Does Management Matter in Schools?« aufgrund einer Untersuchung der Managementpraktiken von über 1 800 Schulen in acht Ländern nachgegangen sind. Diese Untersuchung gipfelt in der Erkenntnis, dass staatliche Schulen, denen ein hohes Maß an Gestaltungsfreiheit eingeräumt wurde (wie z. B. den Charter Schools in den USA), effektiveres und wirksameres Schulleitungshandeln aufwiesen als gegängelte öffentliche und private Schulen. Diese »befreiten« Schulen waren aber nur dann »gut«, wenn ihre Leitungen in der Lage waren, die gewährte Freiheit auch konsequent für innovative Maßnahmen der Schulentwicklung zu nutzen.

Beinahe die Hälfte der Unterschiede in der Leistung der selbstständigen staatlichen Schulen waren auf Unterschiede von Leadership der Schulleitungen sowie bessere Leitungspraktiken zurückzuführen. Unter »Leadership« wird im Sinne von Scharmers Konzept des Führens aus der entstehenden Zukunft die Praktizierung einer dialogischen, wertschätzenden Haltung verstanden, die darauf abzielt, das Wissen der Beteiligten zu erschließen und in Projektbündnissen gemeinsam entwickelte Umsetzungs- bzw. Optimierungsstrategien einfließen zu lassen. Dies bedeutet aber, dass jede

Schule – in Abhängigkeit von ihren besonderen Voraussetzungen – das Recht und die Möglichkeit haben muss, ihr eigenes Profil zu entwickeln. Wie wichtig ein hohes Maß an Gestaltungsfreiheit auf Seiten von Schulleitungen, aber auch Lehrkräften ist, belegt auch Andreas Schleicher (2021) in einer OECD-Studie: Ein internationaler Vergleich zeigt, dass in Schulsystemen, in denen ein hohes Maß an Gestaltungsfreiheit für die einzelne Schule wie auch die Lehrkräfte herrscht, bessere Leistungen erzielt werden, als in Systemen, in denen alles zentral geregelt ist. Diese Einsicht kann man auch auf das selbstorganisierte Lernen von SchülerInnen übertragen: Wie das bereits erwähnte Beispiel der Alemannenschule Wutöschingen zeigt, erzielen SchülerInnen, die darin unterstützt werden, selbstgesteuert zu lernen, bessere Leistungen und hatten darüber hinaus kaum Probleme bei der Bewältigung der Corona-Krise – waren sie es doch gewohnt, selbstständig mit iPad und Lernplattform zu arbeiten. Und das beste: Durch diese innovative Schul- und Lernkultur wurden auch die Lehrkräfte entlastet.

Und hiermit entsteht am Ende dieses zweiten Teiles – trotz meiner Auflistung von Hinderungs- und Überforderungsfaktoren – eine positive Perspektive, die in der begründeten Hoffnung besteht, dass Sie die Transformationslücke schließen können: Die Studie von Bloom et al. wie auch die Einsichten aus unseren langjährigen Befragungen bestätigen nämlich, was ich eingangs behauptet habe: *Auf die gute Schulleitung, also auf Sie kommt es an!*

Wenn es Ihnen also gelingt, eine attraktive Vision überzeugend zu leben, eine Führungskoalition mit engagierten Kolleg/innen, Eltern und sonstigen Unterstützern zu bilden, und Sie mittelfristig regionale Projektverbünde nutzen, dann haben Sie die Chance, nicht nur die Ergebnisse zu verbessern, sondern auch für ein Schulklima zu sorgen, das von Engagement und Wohlbefinden getragen ist. Allerdings gilt: Damit Schulleitungsteams ihr Führungspotenzial bzw. ihre Leadership-Qualitäten entfalten können, bedürfen sie der Gewährung von größeren Spielräumen. Die wissenschaftlich belegte Einsicht und die daraus abzuleitende politische Forderung lautet: *Gute Schule braucht Gestaltungsfreiheit!*

Teil III
Wie Schulleitung gelingt

Nachdem wir nun in Teil I gesehen haben, was gute Schulleitung bewirken kann, und in Teil II analysiert haben, was Schulleitung so schwierig macht, geht es in Teil III nun darum, darzustellen, wie Schulleitung gelingt. Wie wir gesehen haben, sind die Entwicklung einer gemeinsamen Vision und der Aufbau einer wertschätzenden Haltung zentrale Schlüssel. Die positive Nachricht ist, dass die Anforderungen an Schulleitungshandeln zwar komplex sind, dass es aber drei wissenschaftlich fundierte Konzepte gibt, deren Beachtung die Wahrscheinlichkeit erhöht, dass Schulleitung gelingt.

Es handelt sich dabei um Salutogenese, Selbstbestimmungstheorie und Wertschätzende Schulentwicklung. Diese drei Konzepte münden in drei mal drei Faktoren, die den »*Leadership-Kompass*« bilden, ein praxisnahes Führungsinstrument, das klare Orientierungen für alltägliches Führungshandeln gibt.

Mit dem Leadership-Kompass, den Konzepten von »Simplexity«, »Team-Flow« und »Change Code« erhalten Sie in diesem Kapitel praxiswirksame Führungsinstrumente, die es Ihnen und Ihrem Team ermöglichen, einen Schulentwicklungsprozess erfolgreich zu gestalten. Doch betrachten wir zunächst die drei Dimensionen wirksamer Führung.

Drei Dimensionen wirksamer Führung

Wenn Sie sich mit dem Thema »Führung« befassen, werden Sie – ähnlich wie bei den Change-Konzepten – von der Vielzahl unterschiedlicher Modelle erschlagen. Leser/innen, die sich über die wichtigsten Führungsmodelle informieren möchten, erhalten einen gut strukturierten, knappen Überblick bei Stippler, Moore, Rosenthal und Dörfer (2011/2021), die einen solchen für die Bertelsmann-Stiftung erarbeitet haben. Ich bezweifle allerdings, dass Ihnen dieser ausgezeichnete Überblick bei der Bewältigung Ihrer Alltagsherausforderungen weiterhilft. Überblickswissen allein befähigt noch nicht zum Handeln. Notwendig ist vielmehr aufbereitetes Wissen, das Komplexität praxisangemessen reduziert. Deshalb gehe ich hier einen anderen Weg und konzentriere mich auf drei wissenschaftliche Ansätze, die ich zudem auf drei mal drei handlungsleitende Faktoren zuspitze; Faktoren, die Ihnen eine klare und praxiswirksame Orientierung geben.

Es handelt sich dabei erstens um das Konzept der Salutogenese des Soziologen Antonovsky, der untersucht hat, was Personen – selbst unter Stressbedingungen – gesund hält und wie sie ihr Handeln so gestalten können, dass sie Kohärenz bzw. Stimmigkeit erfahren, um damit gleichermaßen Mitarbeiter/innen zu unterstützen und darüber hinaus ihr Engagement zu steigern.

Zweitens gehe ich auf die Selbstbestimmungstheorie Deci und Ryans ein, die herausgearbeitet haben, unter welchen Bedingungen Personen ihr Potenzial entfalten und Spitzenleistungen erzielen können.

Drittens schließlich skizziere ich meinen eigenen Ansatz, die Wertschätzende Schulentwicklung bzw. Schulleitung, die zeigt, wie man unerschlossene Potenziale freisetzen und zum Beispiel ein Kollegium, eine Schulgemeinde oder eine Bildungsregion so zusammenbringen kann, dass die »Weisheit der Vielen« freigesetzt wird, Bildungspartnerschaften bzw. Bildungsnetzwerke entstehen und ein gemeinsamer Aufbruch initiiert wird.

Wie Sie erkennen werden, hängen diese drei Konzepte eng miteinander zusammen und stützen sich in der Realisierung ihrer einzelnen Faktoren gegenseitig, sodass sie zusammen den Leadership-Kompass ergeben. Ein Grund für die Wirksamkeit dieser drei Konzepte ist der Perspektivenwechsel vom linearen zum transformativen Denken, den wir bereits anhand der Zukunftswerkstatt kennengelernt haben: Statt aus der Vergangenheit über die Gegenwart auf die Zukunft zu schauen, lösen wir uns in der Zukunftswerkstatt von Vergangenheit und begeben uns in einen Möglichkeitsraum: die erträumte Zukunft von Schule und Unterricht – und erobern uns so Gestaltungsräume.

Ähnlich geht die Salutogenese vor: Statt zu untersuchen, was krank macht, lenkt sie den Blick auf die Frage, was gesund hält. Auch hier eröffnet die umgedrehte Blickrichtung einen neuen Zugang, der uns viele Anregungen gibt zur positiven Gestaltung von Lehr-Lern- und Beziehungsprozessen.

Die Selbstbestimmungstheorie lenkt den Blick weg von den problematischen Folgen einer zu großen Fremdbestimmung, die Schule und Schulverwaltung noch immer charakterisiert, hin zu den Entwicklungspotenzialen, die entstehen, wenn Menschen selbst entscheiden dürfen und darin unterstützt werden, ihre spezifischen Kompetenzen zu entfalten.

Mein Konzept der Wertschätzenden Schulentwicklung, das auf 20-jähriger Erfahrung in Schulentwicklungs- und Change-Projekten beruht, schließlich lenkt den Blick weg vom Fehler verfolgenden Rotstift hin zu einer Analyse unserer Stärken und damit auf die Gelingensfaktoren. Wie wir sehen werden, können wir das Engagement und die Gestaltungslust von Lehrern, Schülern und Eltern freisetzen, wenn wir Begegnungsräume schaffen, in denen sie ihre Stärken zeigen und gemeinsam anziehende Zukunftsbilder entwickeln können.

Wirksame Führung zeichnet sich aus Sicht der Positiven Pädagogik (Burow 2011/2014) durch diese *Verschiebung der Blickrichtung* aus. Der Richtungswechsel hat erstaunliche Wirkungen, denn der »positive Blick« ermöglicht es uns, Menschen und Situationen nicht länger aus der Defizitperspektive zu betrachten, sondern richtet unsere Aufmerksamkeit auf deren Stärken und Entwicklungschancen.

Die Entwicklung dieses positiven, ressourcenorientierten Blicks ist der Schlüssel zu wirksamer transformativer Führung, denn er wirkt ermutigend, erhöht die Erfahrung von Selbstwirksamkeit und setzt Gestaltungsfantasie bzw. Gestaltungslust frei. Wie das funktioniert, betrachten wir zunächst anhand der Salutogenese.

Salutogenese: Durch Achtsamkeit zu Wohlbefinden

Voltaire fasste schon vor ca. 200 Jahren einen wegweisenden Entschluss, dessen Kernthese inzwischen auch evidenzbasiert belegt ist: »Ich habe beschlossen, glücklich zu sein, weil es besser für die Gesundheit ist.«

Voltaire lag mit seiner Einschätzung richtig, denn in der Tat zeigen Studien der Glücksforschung, gleich ob aus ökonomischer Perspektive (Frey & Frey-Marti) oder aus Sicht der Positiven Psychologie (Fredrickson/Seligman), übereinstimmend den gesundheitlichen Vorteil einer positiven Haltung: Glückliche Menschen sind gesünder, haben bessere Beziehungen, verdienen mehr, fehlen seltener, sind kreativer, lernen schneller und arbeiten besser mit anderen zusammen.

Auf die Unterstützung durch die Schulleitung kommt es an

Angesichts dieser vielen Vorteile ist es ein großer Fehler, dass Bildungseinrichtungen, aber auch Firmen sich so wenig um das Wohlbefinden ihrer Mitarbeiter/innen kümmern. Glaubt man dem jährlich erhobenen »Gallup-Engagement-Index«, dann wiesen 2013 nur 16 Prozent der repräsentativ befragten Beschäftigten in Deutschland eine »hohe emotionale Bindung« zu ihrem Arbeitsplatz auf, 67 Prozent eine geringe Bindung und die übrigen 17 Prozent hatten innerlich gekündigt oder befanden sich gar in einer Art Sabotage-Modus. Diese mangelnde Identifikation mit dem eigenen Arbeitsplatz bzw. der eigenen Organisation ist eine Ursache für hohe Fehlzeiten und wachsende Burnout-Raten.

Doch die immer neuen Studien, die unhaltbare Missstände immer wieder bestätigen, münden offenbar zu selten in Konsequenzen. Auch hier gilt: *Wir haben weniger ein Erkenntnis- als eher ein Umsetzungsdefizit.* Deshalb sollten wir mehr Mittel in Studien investieren, die praxisnahe Eingriffsmöglichkeiten aufzeigen. Aber in vielen Fällen benötigen wir keine weiteren Studien, liegen doch die notwendigen Maßnahmen auf der Hand und nur selten sind sie kompliziert. So sollten Führungskräfte bzw. Schulleitungen sich regelmäßig fragen, was sie tun können, um durch präventive Maßnahmen das Engagement zu erhöhen und Fehlzeiten zu reduzieren. Die bereits erwähnte Übersichtsstudie des Aktionsrats Bildung (2014) gibt einen wichtigen Hinweis: Der einzige prädiktive Faktor für Lehrerengagement war die Unterstützung durch die Schulleitung. Dabei nutzten Schulleitungen drei Ansatzpunkte für wirksame Unterstützung:

- *Informationelle Unterstützung* (Informationen, Ratschläge, Instruktionen zur Problembewältigung)
- *Instrumentelle Unterstützung* (Aufgabenteilung, Mithilfe, Ressourcen)
- *Emotionale Unterstützung* (Gefühl von Zugehörigkeit und Bindung, positiver sozialer Kontakt, Verständnis, Trost, Mitleid etc.)

Was hält Lehrer/innen gesund?

Doch auch ohne solche Unterstützungsformate gibt es eine Gruppe von Lehrer/innen, die unter großen Belastungen nicht nur gesund bleibt, sondern die hohen Anforderungen sogar als lohnende und bewältigbare Herausforderung betrachtet. Was hält diese Minderheit, die laut Schaarschmidt (2005) nur 17 Prozent der Lehrer/innen betrifft, gesund? Was machen sie anders? Wie schaffen sie es, unter Bedingungen, die die Mehrzahl überlasten, entspannt und gesund zu bleiben? Genau diese Frage stellte sich der israelische Soziologe Aron Antonovsky (1997). Er verabschiedete sich von dem Modell der

»Pathogenese«, das vorrangig nach den Ursachen von Krankheit forscht, und setzte an dessen Stelle das Modell der Salutogenese, die untersucht, was gesund hält.

Ausgangspunkt war eine medizinsoziologische Untersuchung, die sich ursprünglich mit der Adaption von Frauen an das Klimakterium befassen sollte. Im Nachhinein löste diese Studie Antonovskys Wende von der pathogenetischen zur salutogenetischen Perspektive aus, und dieser Paradigmenwechsel verdankt sich, wie so oft in der Forschung, einem Zufall. Aus einem Grund, an den er sich nicht mehr erinnern konnte, enthielt sein Fragebogen eine simple Ja/nein-Frage zum Aufenthalt in Konzentrationslagern. Die Auswertung der erhobenen Daten ergab ein überraschendes Ergebnis: 29 Prozent einer Gruppe von Überlebenden des Konzentrationslagers wurde eine »gute psychische Gesundheit« (Antonovsky 1997, S. 1) zuerkannt. Wie konnte es sein, dass die Personen dieser Gruppe den unvorstellbaren Horror des Lagers so unbeschadet überstanden hatten? Und warum waren sie auch bei der Bewältigung des Klimakteriums vielen ihrer Altersgenossinnen überlegen?

Antonovsky stellte sich die weiterreichende Frage: Warum befinden sich Menschen auf der positiven Seite des Gesundheits-Krankheits-Kontinuums oder warum bewegen sie sich auf den positiven Pol zu, unabhängig von ihrer aktuellen Position? Mit anderen Worten: Warum macht Stress manche Personen krank, und warum bleiben andere gesund oder empfinden die Belastung gar als zu bewältigende und lohnende Herausforderung? Er fand heraus, dass Personen, die Stress positiv bewältigen, über einen *Sense of Coherence (SOC)*, ein Gefühl der Kohärenz verfügen. Dank dieses Kohärenzgefühls gelingt es ihnen, belastende Situationen in einer Art und Weise zu sehen, die sie vom Stress, den andere in der gleichen Situation empfinden, befreit. Ihre besondere Haltung zeichnet sich durch drei Elemente aus, die Antonovsky mit den Begriffen »Verstehbarkeit«, »Handhabbarkeit« und »Bedeutsamkeit« charakterisiert. Seine Definition lautet:

Das SOC (»Sense of Coherence« – dt. Kohärenzgefühl) ist eine globale Orientierung, die ausdrückt, in welchem Ausmaß man ein durchdringendes, andauerndes und dennoch dynamisches Gefühl des Vertrauens hat, dass

(1) die Stimuli, die sich im Verlauf des Lebens aus der inneren und äußeren Umgebung ergeben, strukturiert, vorhersehbar und erklärbar sind;
(2) einem die Ressourcen zur Verfügung stehen, um den Anforderungen, die diese Stimuli stellen, zu begegnen;
(3) diese Anforderungen Herausforderungen sind, die Anstrengung und Engagement lohnen (Antonovsky/Franke 1997, S. 36).

Lehrer/innen, die es im Verlauf ihrer Ausbildung und ihres Berufslebens gelernt haben, schulische Anforderungssituationen in ihrem Kern zu durchschauen (Verstehbarkeit), die sich in hohem Maße mit ihrer Tätigkeit identifizieren (Bedeutsamkeit) und Strategien entwickelt haben, schwierige Situationen zu bewältigen (Handhabbarkeit), erleben sich und ihr Handeln als kohärent. Eine schwierige schulische Anforderungssituation sehen sie deshalb weniger als Belastung, sondern eher als positive Herausforderung, in der sie ihre Kompetenzen anwenden und bisweilen sogar steigern können.

Das Kohärenzgefühl ist auch Grundlage erfolgreichen Lernens

Mit den drei elementaren Bedingungen (Verstehbarkeit, Bedeutsamkeit, Handhabbarkeit), die für sich genommen nicht neu sind, weist Antonovskys Theorie einen engen Bezug zur Flow-Forschung des Kreativitäts- und Glücksforschers Mihaly Csíkszentmihályi auf. Der hat nämlich in jahrzehntelangen Befragungen herausgefunden, dass Lernen immer dann sowohl angenehm als auch motivierend ist und bisweilen sogar als Glück erfahren wird, wenn man vor Herausforderungen steht, die leicht über den eigenen Fähigkeiten liegen, aber nicht überfordern. Sie müssen also im Sinne Antonovskys *verstehbar* bzw. erreichbar sein. Sind die Anforderungen zu gering, langweilen wir uns; sind sie zu hoch, also nicht *handhabbar*, steigen wir aus. Sind sie für uns belanglos, also nicht *bedeutsam*, vermeiden wir sie. Wichtig ist, dass die Anforderungen ihre Belohnung in sich selbst tragen, also autotelisches Erleben bzw. intrinsische Motivation ermöglichen (siehe Abb. 9).

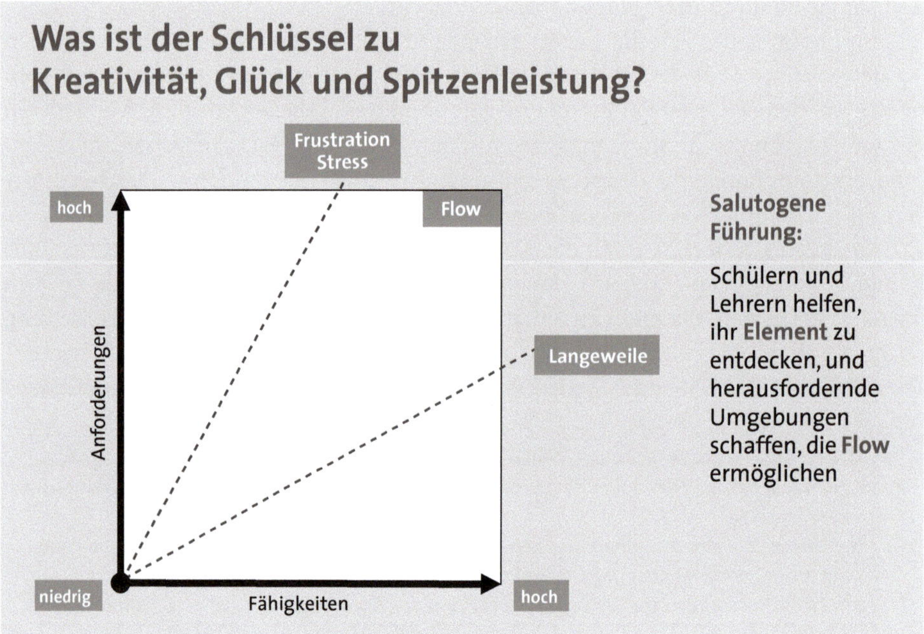

Abb. 9: Flow-Erleben: Passung zwischen Fähigkeit und Anforderungsniveau

Offenbar sind Kinder – bevor sie die Schule besuchen – in der Lage, sich solche für sie geeigneten Herausforderungen selbst zu suchen, etwa im kindlichen Spiel, das zeigt, wie Flow funktioniert: Flow entsteht, wenn man sich selbst eine Herausforderung sucht, die zu den eigenen Neigungen, zum eigenen »Element« passt und die so strukturiert ist, dass sie einen weder über- noch unterfordert. Es handelt sich also um »autotelische« Tätigkeiten, die man um ihrer selbst willen ausübt und die ihre Belohnung in sich selbst tragen. Flow funktioniert besonders gut, wenn es sich um Tätigkeiten handelt, die zum eigenen Neigungs-, Begabungs- bzw. Kompetenzprofil passen.

Aus dieser Perspektive zielt »salutogene Führung« darauf ab, für Schüler und Lehrer Räume zu schaffen, in denen sie ihre Fähigkeiten einbringen können und optimal herausgefordert werden. Eine so verstandene salutogene Führung verhilft allen Beteiligten nicht nur dazu, ihre Kompetenzen zu entwickeln und zu guten Leistungen zu gelangen, sondern auch dazu, Wohlbefinden und bisweilen sogar Glück zu erfahren.

Besonders günstig für die Entwicklung von Flow, Kreativität und Spitzenleistung ist – wie ich es in »Team-Flow« (Burow 2015) anhand zahlreicher Beispiele erfolgreicher Kreativteams beschrieben habe – ein Team, das aus Personen mit unterschiedlichen Fähigkeiten besteht, die sich synergetisch bei der Erreichung selbstgesetzter und gemeinschaftlich vereinbarter Ziele unterstützen, also zum Beispiel ein Projektteam von Schüler/innen oder ein Schulentwicklungsteam. Abbildung 10 illustriert diesen Zusammenhang:

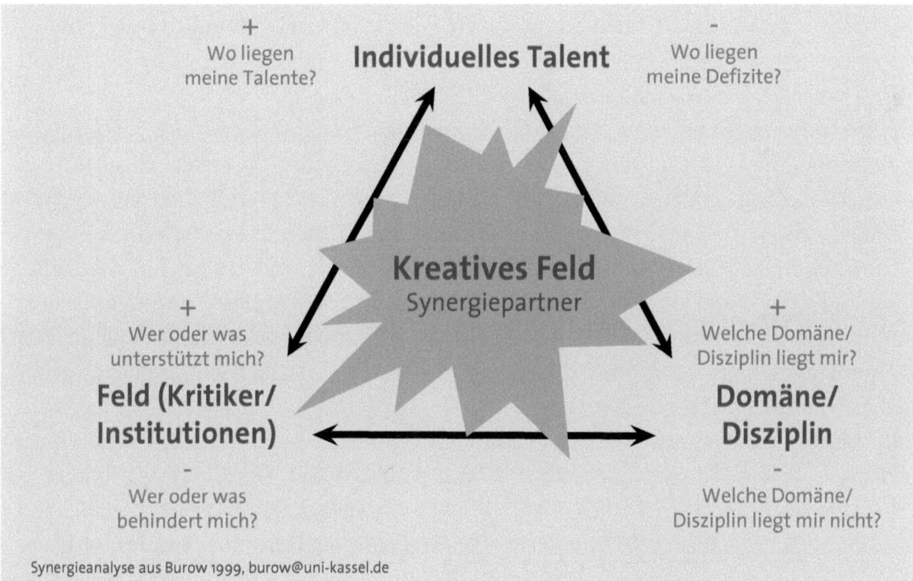

Abb. 10: Kreatives Feld

Entscheidend für die erfolgreiche Freisetzung und Nutzung des eigenen kreativen Potenzials ist die Bildung von Synergiepartnerschaften, in denen sich meine eigenen Talente aufgabenbezogen mit denen anderer ergänzen und meine Schwächen ausgeglichen werden. Wichtig ist auch, dass ich meine Fähigkeiten auf eine dafür geeignete Domäne oder Disziplin beziehe und eine Umgebung wähle, in der ich für meine Leistungen Anerkennung bekomme. Für viele Schüler in der Pubertät ist die Schule, die einem traditionellen Unterrichtskonzept mit vorwiegend frontaler Belehrung folgt, nicht der geeignete Ort, weswegen sie scheitern. Besser wäre es, wenn Schulleitungen für diese Lebensphase darüber nachdenken würden, wie sie auf die besonderen Bedürfnisse dieser Schüler eingehen können, indem sie geeignete »Kreative Felder« schaffen.

Ein Beispiel dafür ist das Fach »Herausforderung«, das die Schulleiterin Margret Rasfeld an der Evangelischen Schule Berlin Mitte geschaffen hat: Entsprechend ihren Neigungen bilden Schüler/innen der achten, neunten und zehnten Klassenstufe Projektteams, die Berlin für drei Wochen verlassen, um *selbst gewählte* Projekte zu entwickeln bzw. umzusetzen. Hierbei kommt es darauf an, Teams mit unterschiedlichen Fähigkeiten so zusammenzustellen, dass sie sich gegenseitig ergänzen und die gewählte Herausforderung bewältigen können. Ebenso müssen die Schüler/innen lernen, die für sie geeignete Domäne zu wählen und eine geeignete Instanz auswählen, bei der sie Anerkennung für ihre Leistungen finden.

Aus der Perspektive der Theorie des Kreativen Feldes verstehen wir jetzt auch, warum die oben erwähnten 69 Prozent der zur Mathematik verpflichteten Oberstufenschüler bei der Erreichung der vorgegebenen Ziele scheiterten: Sie hatten nicht die Möglichkeit, die für sie geeignete Domäne bzw. Disziplin zu wählen und diese Form der Schule bzw. des Unterrichts war für sie nicht das geeignete Feld, um Anerkennung zu bekommen.

V + B + H als Prüf- und Gestaltungskriterien

Mit Antonovskys Salutogenese und Csíkszentmihályis Flow haben wir zwei Zugänge gefunden, die uns – trotz der Komplexität der jeweiligen situativen Voraussetzungen und der Ziele – mit Verstehbarkeit, Bedeutsamkeit und Handhabbarkeit einfache Prüfregeln für wirksame Führung und erfolgreiches Unterrichten liefern. Ich nenne solche Regeln »simplex«, weil sie zwar einfach sind, doch zugleich auch die dahinterstehende Komplexität immanent berücksichtigen. In einer immer komplizierter werdenden und sich immer schneller wandelnden Welt bietet »Simplexity« einen Weg, Komplexität zu reduzieren und unserem Handeln eine klare Orientierung zu geben. Dies hat mehrere Vorteile.

So müssen wir uns aus der Perspektive von Simplexity nicht mit allen differenzierten Details auseinandersetzen, die sich hinter Antonovskys Theorie der Salutogenese verbergen, sondern es reicht aus, wenn wir *Verstehbarkeit, Bedeutsamkeit und Handhabbarkeit als Prüf- und Gestaltungskriterien für die Entwicklung lernförderlicher Umgebungen und die Praktizierung salutogener Führung* nutzen. Eine einfache Analysefrage und drei Prüfkriterien helfen Ihnen bei der Realisierung von salutogener Führung:

Analysefrage 1:
Ist mein Handeln verstehbar, bedeutsam und handhabbar?
- Ist mein Handeln für alle Beteiligten verstehbar?
- Erfahren die Kolleg/innen alle Maßnahmen als bedeutsam?
- Sind – etwa bei der Verbesserung des Unterrichts oder bei der Umsetzung von Reformmaßnahmen – die notwendigen Umsetzungsschritte für alle handhabbar?

Antonovskys Kriterien können uns also eine klare Orientierung für eine erfolgversprechende Entwicklungsrichtung geben, die nicht nur das Lernen der Kinder und Jugendlichen zu optimieren verspricht, sondern auch einen Beitrag zur Lehrergesundheit leisten kann. Denn die Realisierung von Verstehbarkeit, Bedeutsamkeit und Handhabbarkeit als durchgehendes Prinzip von Schulgestaltung und pädagogischer Führung beschreibt zugleich den Weg zu einer stressreduzierenden Schul- und Unterrichtskultur – letztlich zur gesunden und leistungsstarken Schule. Nebenbei bemerkt genügt Antonovskys Theorie selbst den von ihm gefundenen Kriterien, denn ohne Zweifel ist sie verstehbar, bedeutsam und handhabbar.

Selbstbestimmung: Durch Partizipation zum Engagement

Die meisten Veränderungsvorhaben scheitern – wie wir oben gesehen haben – sowohl im Unternehmens- wie auch im Bildungsbereich an der fehlenden Partizipation der Beteiligten. Spitzengremien ebenso wie Führungskräfte treffen häufig Entscheidungen und machen Vorgaben, die für die »Untergebenen« weder verstehbar, bedeutsam noch umsetzbar sind. Die Einbeziehung mindestens der Schlüsselpersonen aller an Schule beteiligten Gruppen ist eine wichtige Voraussetzung dafür, dass die beabsichtigten Ziele auch erreicht werden. Einbeziehung meint die Wertschätzung der spezifischen Beiträge, die unterschiedliche Personen oder Gruppen zur Weiterentwicklung der eigenen Schule bzw. Organisation leisten können.

Hier greife ich zur Verdeutlichung auf die bereits oben verwendete Grafik zurück, die zeigen soll, wie man Fragmentierung überwinden kann.

Abb. 11: Überwindung von Fragmentierung

Am Anfang steht also die Schaffung eines Rahmens für einen wertschätzenden Austausch, der darauf abzielt, die Potenziale der Beteiligten sichtbar zu machen, um sie synergetisch auf die gemeinsame Zielerreichung zu konzentrieren. Dies klingt einfach, erweist sich aber, wie die Ergebnisse der Change-Forschung zeigen, als äußerst schwierig. Was ist die Ursache dieser Umsetzungsschwierigkeiten, die selbst bei gemeinsam vereinbarten Entwicklungszielen auftreten können?

Folgt man der Selbstbestimmungstheorie von Deci und Ryan, dann liegt der Widerstand vor allem an einer mangelnden Berücksichtigung grundlegender psychischer Bedürfnisse.

Wie Deci und Ryan (1993) in aufwendigen Studien nachgewiesen haben, bestimmen drei elementare psychische Grundbedürfnisse unser Handeln:

- das Bedürfnis nach Selbstbestimmung
- das Bedürfnis nach Kompetenzerleben
- das Bedürfnis nach Sinn bzw. Zugehörigkeit

Demnach möchten wir so weit wie möglich selbstbestimmt handeln, haben ein Bedürfnis, uns zu perfektionieren, d. h. uns als kompetent und selbstwirksam zu erleben, und möchten soziales Eingebundensein in Form von Sinn bzw. Zugehörigkeit erfahren. Anhand zweier Beispiele möchte ich die Implikationen der Selbstbestimmungstheorie illustrieren.

Warum Kinder sich verweigern und Völker rebellieren

Als meine kleine Tochter sieben Jahre alt war, dachten wir, die Zeit wäre gekommen, um Klavier zu lernen. Wir meldeten sie also in einer guten Musikschule an. Zunächst folgte sie unserem Wunsch, doch nach einiger Zeit begann sie sich so sehr zu verweigern, dass wir den Unterricht abbrechen mussten. Stattdessen bat sie mich eines Tages völlig unvermittelt, aber sehr bestimmt: »Papa, kauf mir ein Einrad!«

Nun verfügten wir – ganz gegen meinen Willen – über ein umfangreiches Spielzeuginventar, das teilweise unbenutzt herumlag. Also gut, nun auch noch ein Einrad. Wie ich es erwartet hatte, lag auch dieses Gerät bald unbenutzt in der Ecke. Doch ein halbes Jahr später führte sie mir stolz ein perfektes Kunststück vor und wenig später trat sie in einem Zirkus mit ihrer Gruppe vor einem großen Publikum auf.

Bei meinen Vorträgen trage ich dieses Beispiel aus dem Elternalltag oft vor und frage das Publikum dann: »Warum hat sich meine Tochter der ausgezeichneten Musikschule verweigert und sich stattdessen eigensinnig das Einradfahren beigebracht – und zwar ohne Druck von außen, ohne Belohnungen, ohne Noten oder Credit Points?«

Ja, warum hat sie sich selbstständig zwei Biertische aufgestellt und zwischen ihnen das Balancieren geübt, wobei sie tausende Male umfiel? Warum hat sie angesichts dieser frustrierenden Erfahrungen nicht aufgegeben?

Keiner aus unserer Familie wäre je auf die Idee gekommen, Einrad zu fahren, und wir wären wohl auch nicht dazu in der Lage gewesen. Was nur hat dieses Kind angetrieben und warum war sie in der Lage, sich diese komplizierte Fertigkeit ohne Anleitung durch einen qualifizierten Lehrer selbst beizubringen?

Ich präsentiere dem rätselnden Publikum dann eine nicht ganz ernst gemeinte Auflösung: Als schlaues Kind eines Professors ist sie natürlich in meine wissenschaftliche Bibliothek gegangen und hat die Selbstbestimmungstheorie von Deci und Ryan gelesen. Die haben nämlich herausgefunden, dass Selbstbestimmung einer der stärksten Antriebe des Menschen ist. Wer eine Tätigkeit, ein Ziel, eine Herausforderung etc. aus eigenem Antrieb wählt, der ist nicht mehr zu bremsen. Die Person arbeitet unablässig daran, ihre Fähigkeiten zu verbessern, um das ersehnte Ziel zu erreichen und sich damit zum Beispiel als zugehörig zur Gemeinde der Einradfahrer zu qualifizieren.

Wie Sie jetzt sicher erkennen, stimmt die Selbstbestimmungstheorie auch mit Csíkszentmihályis Flow-Konzept überein und hat sogar Bezüge zu Ken Robinsons Konzept des »Elements«: Wenn wir die Sache gefunden haben, die uns innerlich begeistert und antreibt, dann sind wir in unserem Lernbedürfnis nicht mehr zu stoppen. Voraussetzung ist aber, dass wir eine Umgebung finden, in der unsere Neigung anerkannt bzw. wertgeschätzt wird. Und diese Umgebung zu schaffen, ist vordringlichste Schulleitungsaufgabe!

Wie stark das Bedürfnis nach Selbstbestimmung ist, sehen wir übrigens auch am Freiheitskampf vieler Völker, deren Mitglieder zum Teil selbst den Einsatz ihres Lebens nicht scheuen, um selbstbestimmt zu leben.

Wenn wir also Veränderungsprozesse wirkungsvoll vorantreiben wollen, dann müssen wir die grundlegenden Bedürfnisse nach Selbstbestimmung, Kompetenzerleben und Zugehörigkeit berücksichtigen und Raum für deren Erfüllung schaffen. Wie wir anhand des Gallup-Engagement-Index gesehen haben, erfahren bedauerlicherweise nur 16 Prozent der Mitarbeiter/innen diese Erfüllung. Interessanterweise stimmt dieser Prozentwert mit den 17 Prozent der Lehrer/innen überein, die laut der Schaarschmidt-Lehrerbelastungsstudie (2005) im Modus »Gesundheit« sind. Handelt es sich um eine zufällige Übereinstimmung, oder erhalten wir hier vielleicht einen weiteren Hinweis, dass die Realisierung dieser drei Faktoren gesundheits- und leistungsförderlich ist?

Kinder jedenfalls wollen immer lernen, allerdings häufig nicht nach Lehrplan, und auch viele Kolleg/innen engagieren sich stärker nach ihren eigenen Interessen als am vorgegebenen Schulentwicklungsplan. Wie wir Bedürfnisse nach Selbstbestimmung, die Ermöglichung von Kompetenzerleben sowie die Erfahrung gemeinsamer Entwicklung miteinander verbinden können, ist deshalb die Kernfrage erfolgreicher Führung.

Salutogenes Führungshandeln zeigt einen Weg, weil Wohlbefinden und Kohärenzerleben elementare Bedürfnisse sind. Die Selbstbestimmungstheorie weist mit der Salutogenese eine Übereinstimmung bezüglich des Kriteriums »Bedeutsamkeit« auf, das hier unter dem Begriff »Sinn« erscheint, verbunden allerdings mit der wichtigen sozialen Dimension: Zugehörigkeit. Verbunden mit dem Fokus auf Selbstbestimmung erweitern Deci und Ryan unseren Blickwinkel um weitere Bedürfnisdimensionen. Die Frage ist, wie wir sie berücksichtigen können.

Wie schon bei der Salutogenese kann uns eine einfache Analysefrage – verbunden mit drei Prüfkriterien – Hinweise geben, wie Schulleiter/innen und Teams ihre Führungswirksamkeit erhöhen können:

Analysefrage 2:
Inwieweit und durch welche Maßnahmen sorge ich für die Erweiterung von Selbstbestimmung, die Erfahrung von Kompetenzzuwachs und die Stärkung des Zugehörigkeitsgefühls?
Wenn Sie die Identifikation mit dem Arbeitsplatz und das Engagement von Lehrer/innen und Schüler/innen erhöhen wollen, dann müssen Sie sich also regelmäßig fragen:

- Wie kann ich dafür sorgen, dass Lehrer/innen und Schüler/innen entsprechend ihrem Entwicklungsstand und den jeweiligen Anforderungen mehr Selbstbestimmung erfahren?
- Wie kann ich dafür sorgen, dass jede/jeder gemäß ihren/seinen Voraussetzungen und Motivationen Kompetenzzuwachs erfährt?
- Was kann ich dafür tun, dass unsere Schule bzw. Einrichtung als positiv besetzte Gemeinschaft erfahren wird, der sich jede/jeder zugehörig fühlt?

Wertschätzung: Durch Anerkennung zur Spitzenleistung

Wenn wir die Kriterien von Salutogenese und Selbstbestimmungstheorie konsequent berücksichtigen, tragen wir nicht nur zur Potenzialentfaltung aller bei und steigern die Leistungsergebnisse, sondern wir schaffen damit zugleich ein Wohlfühlklima, das die Belastungsfaktoren der traditionellen Schule für Lehrer, Schüler, aber auch Eltern reduziert.

Damit dies gelingt, brauchen wir einen systematischen Prozess der Schulentwicklung, in dem schrittweise die gesamte Schulstruktur im Sinne einer *inklusions- bzw. diversity-orientierten Potenzialentwicklungsumgebung* umgebaut wird. Fernziel ist der Aufbau einer Schule für alle. Was verstehe ich darunter? Hinter der Vision »Eine Schule für alle« steht die Vorstellung einer neuen Schule, die sich von der alten fehlerverfolgenden Rotstiftpädagogik sowie der überzogenen Kontroll- und Misstrauenskultur verabschiedet und stattdessen den Aufbau einer Kultur, die auf Anerkennung bzw. Wertschätzung und Vertrauen beruht, vorantreibt – ein Vorhaben, das Lehrer/innen und Schüler/innen gleichermaßen betrifft.

Die Herausforderung besteht darin, Lehr-Lernumgebungen bzw. Arbeits- oder besser »Entwicklungsplätze« zu schaffen, die die individuellen Voraussetzungen und Talente, die multiplen Intelligenzen der Beteiligten berücksichtigen und optimale Potenzialentfaltungsmöglichkeiten bieten. In der Schule des globalisierten digitalen Zeitalters geht es ja nicht länger darum, dass alle – wie in der Schule des Industriezeitalters und im Zeitalter der Massenproduktion – zur gleichen Zeit das Gleiche lernen, das auch noch zentral abgeprüft wird. Vielmehr gilt es, besondere Begabungsprofile zu unterstützen und sie in projektbezogene Teamarbeit zu überführen. Wie lauteten doch die oben erwähnten 21st-Century-Skills:

- Kritisches Denken und Problemlösen
- Kreativität und Innovation
- Kommunikation und Kooperation

Die Schule der Zukunft ist eine Schule der Vielfalt, die sich für die Lösung von Gegenwarts- und Zukunftsproblemen öffnet, um – auch im Sinne Scharmers – dazu beizutragen, die grundlegenden Spaltungen (ökologische, soziale, spirituelle Dimension) zu überwinden und damit die ihnen anvertrauten Schüler/innen zukunftsfähig für eine rasant sich wandelnde Gesellschaft zu machen. Wenn sich die gesamte Gesellschaft, wenn sich Technik und Wissenschaft immer schneller verändern, dann kann Schule nicht stehen bleiben, sondern muss selbst aktiv diesen Prozess mitgestalten. All den konservativen Besitzstandswahrern sei gesagt: Das einzige Beständige in modernen Gesellschaften ist der Wandel. Die entscheidende Frage ist nur, wie wir diesen so organisieren können, dass wir ihn nicht erleiden, sondern aktiv gestalten und die Chancen nutzen. Was ich schon vor Jahren gefordert habe, wird nun Kernaufgabe: Die *Befähigung zu eingreifender Zukunftsgestaltung.*

In Zeiten mobilen Lernens ist nicht nur Wissen immer häufiger zeit- und ortsunabhängig verfügbar, sondern immer öfter sind wir mit unserem Handeln über virtuelle Netzwerke direkt miteinander verbunden. Die englische Partnerklasse, um ein Beispiel zu geben, liefert uns nicht nur via Skype Native Speaker in den Klassenraum, sondern auch Gestaltungspartner für kreative Aktionen und Gestaltungsprojekte, die via Netz sofort wirksam werden – etwa durch ein gemeinsam entwickeltes YouTube-Video, einen »Wikipedia«-Artikel, eine flashmobartige Kunstaktion, die Entwicklung einer App oder eines Produktes. In der Schule der Zukunft, deren Entstehung wir gerade erleben, verschwinden die Grenzen des Klassenraums und es entsteht eine Öffnung zur Welt. Diese neue Situation schafft – wie ich in »Digitale Dividende« (Burow 2014) beschrieben habe – viele Gestaltungschancen, aber auch viele Gestaltungsanforderungen. Es gilt die aufbrechenden Chancen zu nutzen.

Das bedeutet auch, dass jede Schule innerhalb der Rahmenbedingungen ihren eigenen Weg und ihr eigenes Profil finden muss. Die wichtigste Aufgabe von Schulleitungen ist es, diesen Veränderungsprozess zu organisieren. Die gute Nachricht ist: Zur Unterstützung des Wandels gibt es inzwischen eine Reihe bewährter Verfahren.

So habe ich, anknüpfend an die »Zukunftswerkstatt« Robert Jungks, an die »Future Search Conference« (dt. Zukunftskonferenz) Marvin Weisbords, an die »Appreciative Inquiry« von Coperrider und Whitney sowie an Konzepte der Gestaltpädagogik das Verfahren der »Wertschätzenden Schulentwicklung« konzipiert und in den letzten Jahren mit einer Vielzahl von Bildungseinrichtungen durchgeführt. Dabei haben sich drei einfache Schritte als zielführend erwiesen:

(1) *Wertschätzung*
Instrument: Wertschätzende Befragung
Wie sehen Situationen, in denen uns Lernen und Lehren gelingt, aus und welche gemeinsam geteilten Erfolgsprinzipien lassen sich aus ihnen ableiten?

(2) *Vision*
Instrument: Zukunftsreise mit allen Beteiligten
Welche Schule und welches Lehr-Lerndesign würden wir entwickeln, wenn alles möglich wäre? Was ist unsere Vision einer Schule der Zukunft, in der wir lernen und arbeiten wollen?

(3) *Realisierung*
Instrument: Partizipative Projektplanung
Welche Schritte wollen wir unternehmen, damit unsere gemeinsam geteilte Vision Wirklichkeit wird? Wer unternimmt was, mit wem, bis wann? Wie kontrollieren wir die Umsetzung?

Diese drei thematisch fokussierten Phasen beschreiben zugleich ein simplexes Problemlöse- bzw. Zielfindungsmodell, das in unterschiedlichen Situationen, nicht nur in der Schul- und Organisationsentwicklung, sondern zum Beispiel auch bei der eigenen Lebensplanung universell Anwendung findet, etwa, wenn ich meine persönliche Situation dem Dreischritt folgend analysiere:

(1) *Wertschätzende Selbstbefragung:*
Wie bin ich, wenn mir Dinge gelingen? Was sind meine Stärken? Was ist mein »Element« bzw. mein spezifisches Kompetenzprofil? Welche Umgebung benötige ich, um mein Potenzial zu realisieren?
(2) *Formulierung einer persönlichen Vision:*
Welche Ziele würde ich anstreben, wenn alles möglich wäre und ich konsequent meiner inneren Berufung folgen könnte? Wie sieht das für meine Entfaltung optimale Kreative Feld aus?
(3) *Bestimmung von Realisierungsschritten:*
Welche Schritte will ich unternehmen, um meine Vision zu erreichen?

Probieren Sie es aus! Sie werden überrascht sein, wie sehr Ihnen dieser simplexe Dreischritt hilft, Ihre Stärken zu erkennen, persönlich bedeutsame Ziele zu entdecken und konkrete Umsetzungsschritte zu definieren. Voraussetzung ist allerdings, dass wir innehalten und uns die Zeit nehmen, unsere Handlungsroutinen zu unterbrechen, um unsere Situation aus einer möglichst offenen Perspektive *(Open Mind)* zu betrachten und uns vom Muster des »downloading«, des Abrufens alter Lösungen, zu verabschieden, um zu dem vorzudringen, was unser innerstes Anliegen ist (*Open Heart/Vision*), und einen Umsetzungsplan (*Open Will*) anzugehen.

Eine besondere Schwierigkeit besteht dabei in Phase II, denn den meisten von uns fällt es schwer, sich von den einengenden Bedingungen der Gegenwart zu lösen und nicht nur Visionen bzw. wirklich innovative Zukunftsentwürfe zu entwickeln, sondern auch die Zuversicht zu gewinnen, diese umsetzen zu können. Doch nur, wenn wir uns von überkommenen Routinen und Traditionen freimachen, uns für das Neue öffnen und erkennen, was der *innere Ort* ist, von dem aus wir handeln, werden wir die Kraft entwickeln können, unsere Wünsche auch umzusetzen. In der Gesellschaft und insbesondere im Bildungssystem sind wir permanenter Fremdbestimmung ausgesetzt, sodass viele von uns nur noch funktionieren und nie erfahren, was ihre innere Berufung ist.

»Begeistert Leben – Die Kraft des Unentdeckten« – lautet nicht von Ungefähr der Titel eines Analyseleitfadens des schon mehrfach erwähnten Ken Robinson (2014), der zeigt, wie wir unser unerschlossenes kreatives Potenzial erschließen und freisetzen können. Wenn wir uns darauf beschränken, die vorgegebenen Anforderungen zu erfüllen, wie es zu viele Schulleitungen, Lehrer und Schüler gleichermaßen tun, verschenken wir die Chance, unser volles Potenzial zu entwickeln. Genau darauf aber, auf die Mobilisierung unserer Energie und Leidenschaft für die Realisierung persönlich bedeutsamer Ziele kommt es an. Insofern kann es entwicklungsförderlich sein, wenn wir die wertschätzende Selbstbefragung von Zeit zu Zeit nicht nur für uns allein, sondern auch mit unseren Kindern bzw. Schülern durchführen.

Dieses genial einfache und hochwirksame Analyse- bzw. Orientierungswerkzeug geht auf die »Zukunftswerkstatt« zurück, die der Zukunftsforscher Robert Jungk in den 1960er-Jahren entwickelt hat und die ursprünglich darauf abzielte, mithilfe des Dreischritts Kritik –Vision – Realisierung die soziale Fantasie von Bürgern zu mobilisieren, um sie zu befähigen, Einfluss auf die Umgestaltung der Gesellschaft zu nehmen. In den 1960er-Jahren standen zunächst politische Themen im Vordergrund, bei denen es nach den katastrophalen Erfahrungen des Dritten Reiches vor allem darum ging, nach Wegen zu suchen, wie man den Einfluss von Eliten und Experten, die oftmals einseitigen Interessen verpflichtet sind, zurückdrängen und Bürger stärker an der Lösung von Zukunftsfragen beteiligen kann – ein Thema, das auch noch über 50 Jahre später hochaktuell ist.

Die Zukunftswerkstatt verstand sich in diesem Sinn zunächst als Instrument der Bürgerbeteiligung, das die Schwächen der repräsentativen Demokratie ausgleichen sollte, indem es die Bürger dazu befähigt, nicht nur alle vier Jahre auf einem Wahlzettel ein Kreuz zu machen, sondern darüber hinaus konkrete Zukunftsvorstellungen zu entwickeln und einzufordern. Aus diesem politischen Kontext heraus ist zu verstehen, dass die Werkstätten ursprünglich mit einer Kritikphase begannen, in der man sich darauf konzentrierte, Missstände zu analysieren. Im Laufe der Jahre hat sich die Zukunftswerkstatt über den politischen Bereich hinaus zu einem *universellen Instrument der Zukunftsanalyse und -planung* für Bildungseinrichtungen, Unternehmen und Organisationen jeder Art – ja sogar für Regionen – entwickelt. Inzwischen existieren – je nach Ausbildungshintergrund des jeweiligen Moderators und der zu lösenden Herausforderungen – unterschiedliche Ausgestaltungen der einzelnen Phasen bei grundsätzlicher Beibehaltung des Dreischritts.

Auf Gelingenserfahrungen fokussieren

Nachdem ich mit meiner Projektgruppe »Zukunftsmoderation« viele Jahre Schulen, Unternehmen und sonstige Organisationen mit dem klassischen Grundmodell »Kritik – Vision –Realisierung« darin unterstützt hatte, den für sie passenden Zukunftspfad zu finden, wuchsen in mir Zweifel an der Eignung der Kritikphase als Ausgangspunkt. Insbesondere im Bildungsbereich, in der Arbeit mit Lehrer/innen, zeigte sich, dass eine Auflistung beklagter Mängel zu Beginn ungünstig ist, weil sie die ohnehin häufig vorhandene Haltung des folgenlosen Klagens verstärkt und zu einer negativ konnotierten Startsituation beiträgt. Gerade wenn man mit starren, überregulierten, traditionsverhafteten Systemen arbeitet, ist es im Sinne der Positiven Pädagogik wichtig, zunächst die Stärken der Beteiligten herauszuarbeiten und sie darin zu unterstützen, den »inneren Ort, von dem aus sie erfolgreich handeln«, zu erkennen, um überhaupt die Energie freizusetzen, die für den Wandel benötigt wird. Dieser Blickwechsel auf Gelingenserfahrungen entspricht übrigens auch dem Geist Robert Jungks, dem er in seinem Buch »Projekt Ermutigung« (1988) Ausdruck verlieh. Zukunftswerkstätten zielen darauf ab, die Beteiligten zu stärken und zu einem neuen, selbstbestimmten Handeln zu ermutigen. Damit weisen sie, wie wir jetzt erkennen, deutliche Bezüge zur Salutogenese und zur Selbstbestimmungstheorie auf. Die Zukunftswerkstatt ist ein Instrument, das nicht nur den Prinzipien dieser Ansätze verpflichtet ist, sondern auch dabei hilft, diese im eigenen Leben und in der jeweiligen Organisation umzusetzen.

Um diesem Geist stärker Ausdruck zu verleihen, habe ich Jungks Grundmodell in der Arbeit mit Schulkollegien modifiziert: Statt mit einer Analyse dessen, was uns stört (Kritikphase), beginnen wir mit einer »*wertschätzenden Erkundung*« (Wertschätzungsphase) und untersuchen Situationen, in denen uns Lehren und Lernen optimal gelungen sind. Auf diese Weise starten wir den gemeinsamen Selbsterforschungs- und Entwicklungsprozess mit einer Analyse der Stärken und einer *Freisetzung der Weisheit der Vielen,* was aus Sicht der Positiven Pädagogik erfolgversprechender ist, weil Abwehrroutinen vermieden und ein offener, meist freudiger Austausch ermöglicht wird, an dem alle beteiligt sind. Positive Gefühle erweitern (»broaden«) – wie wir gesehen haben – unseren Horizont und öffnen uns für neue Erfahrungen. Jeder kann über Gelungenes berichten, und es wird gleich zu Beginn deutlich, welche bislang unerkannten kreativen Potenziale im jeweiligen Schulkollegium, aber auch bei Schülern und Eltern vorhanden sind.

Um den Aufbau einer Kultur der Anerkennung, die Entwicklung einer gemeinsam geteilten Vision und einen von allen getragenen Umsetzungsplan voranzutreiben, ist es hilfreich, Analysefrage 3 zu stellen:

Analysefrage 3:
Wie und durch welche Maßnahmen sorge ich für den schrittweisen Aufbau einer Kultur der Wertschätzung, die von einer gemeinsamen Vision getragen ist und für die ein konkreter Umsetzungsplan – mit Kontrolle der Entwicklungsetappen – vorhanden ist?
Wie in »Positive Pädagogik« und in »Digitale Dividende« nachzulesen ist, habe ich detaillierte Ablaufpläne für die Gestaltung von Pädagogischen Tagen in Form von themenspezifischen Zukunftswerkstätten entwickelt. Im Anhang können sie einen exemplarischen Ablaufplan einsehen. Die Pläne orientieren sich an folgenden drei Fragen:

- Durch welche Maßnahmen kann ich dafür sorgen, dass wir an unserer Schule regelmäßig Gelegenheit für einen wertschätzenden Austausch bezüglich unserer Kommunikation, unseres Unterrichts und unserer gemeinsamen Weiterentwicklung haben?
- Wie kann ich die Kollegen in der Entwicklung einer Vision, eines Zukunftsbilds unterstützen und dafür sorgen, dass dieses Teil der »Corporate Identity« wird, also Zugehörigkeitsgefühl fördert?
- Durch welche Maßnahmen kann ich dafür sorgen, dass die gemeinsam entwickelte Vision in überprüfbare Handlungsschritte übersetzt wird?

Der Leadership-Kompass

Nachdem wir in Teil I gesehen haben, was gute Schulleitung bewirken kann, und in Teil II analysiert haben, was Schulleitung so schwierig macht, geht es in Teil III nun darum, darzustellen, wie Schulleitung gelingt. Die bisher dargestellten Erkenntnisse möchte ich nachfolgend in Form eines auf den ersten Blick einfachen Modells zusammenfassen: dem »Leadership-Kompass«.

Mit der Beachtung der drei mal drei Faktoren, auf denen er beruht, erhalten Sie nämlich ein Instrument zu wirksamer Führung. Ich bezeichne diese Faktoren als »magisch«, weil sie sich gegenseitig stützen und bei konsequenter Umsetzung eine »Aufwärtsspirale« für die Lehrer/innen und Schüler/innen sowie die Organisation als Ganzes in Gang setzen können.

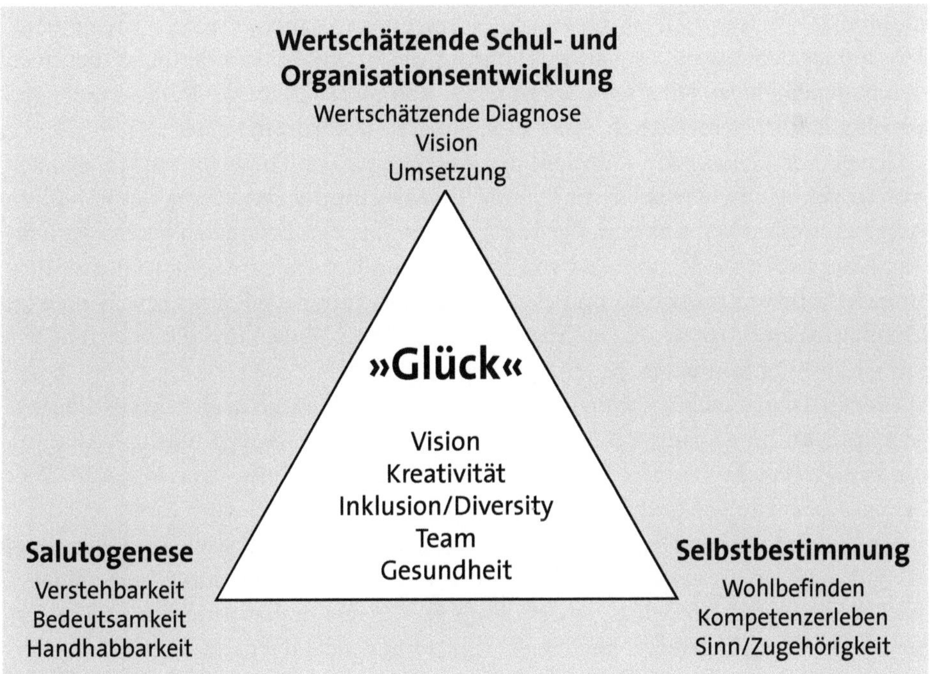

Abb. 12: Die magischen 3×3

Wie der Leadership-Kompass funktioniert

Salutogenese und Selbstbestimmung bilden die Basis jeder wirksamen Schul- und Unterrichtsentwicklung, weswegen sie am Fuß der Pyramide stehen. Ohne Verstehbarkeit, Bedeutsamkeit und Handhabbarkeit sowie die Entwicklung eines Kohärenzgefühls können weder Unterricht noch Schulentwicklung bzw. Schulleitung optimal funktionieren. Ebenso wichtig ist die schrittweise Erweiterung von Spielräumen für

Selbstbestimmung, die Lehrern und Schülern Kompetenzentwicklung und Sinnerfahrung gleichermaßen ermöglichen.

Auf dieser Basis können die Ziele bestimmt werden, die das spezifische Profil und die Entwicklungsrichtung Ihrer Schule charakterisieren. Zielfindung bzw. Profilbildung leiten Sie durch einen Prozess der Wertschätzenden Schul- und Organisationsentwicklung ein, der auf der Spitze Dreiecks steht, gibt er doch die Entwicklungsrichtung an. Wertschätzende Führung erweist sich darin, inwieweit es Schulleitungen gelingt, das Engagement der Kolleg/innen, ja der Schulgemeinde insgesamt, für einen gemeinsamen Veränderungsprozess zu mobilisieren.

Es handelt sich um einen Abschied vom Top-down-Modell der Führung, das für so viele scheiternde Vorhaben verantwortlich ist. Das partizipative, prozessorientierte Vorgehen ist für alle Beteiligten von Vorteil: Wenn es Ihnen nämlich gelingt, die Kräfte des Feldes zu fokussieren, werden Sie die *Leichtigkeit des Führens im Kreativen Feld* erfahren. Ja, wie ich in »Team-Flow« (2015) beschrieben habe, entstehen »Kreative Felder« immer dann, wenn es gelingt, Umgebungen bzw. Herausforderungssituationen zu schaffen, in denen jeder seine spezifischen Kompetenzen für die Realisierung eines gemeinschaftlich vereinbarten Zieles bzw. Projektes einbringen kann.

Gemäß der Theorie der »Weisheit der Vielen« und der These vom unterschätzten »pädagogischen Tiefenwissen« sind große Teile des für die Umsetzung des jeweiligen Projektes nötigen Wissens bzw. der Kompetenzen bei den Beteiligten bereits vorhanden. Nur werden beide aufgrund von Routinen und zu engen Regelungen im Alltag oft nicht sichtbar. Deshalb kommt es darauf an, institutionelle Räume bzw. Rituale zu schaffen, die einen regelmäßigen Austausch über dieses Wissen und die zielorientierte Anwendung der Kompetenzen ermöglichen.

Ein Weg dazu ist mein *Verfahren der Wertschätzenden Diagnose*, das ich bereits eingangs skizziert habe. Im Anhang können Sie anhand eines exemplarischen Ablaufplans sehen, wie dieses Verfahren – etwa im Rahmen eines Pädagogischen Tages – zum Austausch über Gelingensbedingungen und didaktische Erfolgsmodelle genutzt werden kann.

Die Wertschätzende Diagnose, die auf den Leitfragen beruht »Wie sind wir, wenn wir gut sind?« bzw. »Wie sind wir, wenn uns Unterricht, Erziehung bzw. ›Schulemachen‹ gelingt?«, ermöglicht es dem Kollegium, seine besten Seiten zu zeigen. Der Austausch von Gelingsituationen erweitert nicht nur die didaktische Fantasie der Einzelnen, sondern mündet auch in eine Erhöhung institutioneller Selbstwirksamkeit. Im Austausch ihrer Erfolgsgeschichten erfahren die Kolleg/innen konkret die »Macht der guten Gefühle« und ein Anwendung des *Losada-Quotienten.* Sie erhalten damit gleichzeitig Anregungen für ein Modell stärkenorientierter, wertschätzender Führung, das sie auch auf ihr Unterrichts- und Erziehungshandeln übertragen können.

Mit dieser *Stärkung des Selbstwirksamkeitsgefühls* ist die Voraussetzung geschaffen, um sich auf eine imaginative Reise in die erwünschte Zukunft zu begeben, mit dem Ziel, ein von den Wünschen aller Beteiligten getragenes Zukunftsbild zu erarbeiten. Dieses Vorgehen ist nur erfolgreich, wenn es gelingt, sich vom Zeitgeistgefängnis und den Alltagsroutinen zu befreien, um zum wahren Kern der eigenen Wünsche und Fantasien durchzudringen. Der utopische Überschuss dieser Phase ist ein wichtiges Element, um die nötige Aufbruchs-Energie bzw. Veränderungsleidenschaft zu erzeugen. Hier kommt es darauf an, attraktive Entwicklungsziele herauszuarbeiten, die geeignet sind – auch nach dem Pädagogischen Tag – das Engagement zu speisen und die Gestaltungslust zu beflügeln.

Und hiermit wären wir beim schwierigsten Teil, nämlich die Übersetzung der entstandenen Zukunftsbilder in eine nachhaltige Entwicklungsplanung, in der klar benannt wird, wer was mit wem bis wann umsetzt und wie die Fortschritte bzw. Blockaden dokumentiert und regelmäßig überprüft werden.

Der Leadership-Kompass mit seinen drei mal drei Faktoren gibt lediglich einen Orientierungsrahmen vor, der auf die spezifischen Bedingungen vor Ort zugeschnitten werden muss. Doch warum verwende ich den englischsprachigen Begriff »Leadership«?

Was ist Leadership?

Der Begriff »Leadership« geht auf den bereits beim »Pinguin-Prinzip« benannten Harvard-Professor John P. Kotter zurück (Hegele-Raih 2004), der zwischen Managern und wahren Führern (= Leadern) unterschied. Diese wahren Führer bzw. »Leader« zeichnet es demnach aus, dass sie Visionäre sind.

Ähnlich argumentiert Management-Guru Steven Covey (2012), wenn er die These vertritt, Management sei das Verwalten und Kontrollieren von Dingen und Abläufen, während es bei Leadership um das Führen von Menschen geht. Leadership zeigt sich demnach in der Fähigkeit, Visionen zu entwickeln, Menschen zu inspirieren und zu motivieren. Leitwerte sind Kreativität, Sinnerfüllung und Wandel. Ganz im Sinne von Scharmers Dreischritt »open mind – open heart – open will« zeichnet sich Leadership dadurch aus, dass Leader selbst leben, was sie predigen, sie den eigenen blinden Fleck kennen, zu Wertschätzung und Dialog in der Lage sind und sich als Katalysator der im Feld vorhandenen Energien und Wünsche verstehen.

Eine in die Irre führende Auffassung von Leadership vertritt dagegen der Change-Experte Tom Peters, der monierte, es gäbe zu viele Bürokraten, aber zu wenige mitreißende Führer. Hier wird das Leadership-Konzept überzogen. Erfahrungen aus Politik und Wirtschaft zeigen uns nämlich immer wieder, dass gerade mitreißende »Führer« eine große Gefahr darstellen können, weil sie den Kontakt zur Basis verlieren, abheben und Anhänger dazu verführen können, das kritische Denken einzustellen – wie wir es unlängst bei der Finanzkrise von sich selbst überschätzenden Bankmanagern erlebt haben.

Demgegenüber vertritt Kotter in »Leading Change« (2011), dass Leadership nicht nur ein Konzept bzw. eine Haltung für die Spitze einer Organisation ist, sondern ein durchgehendes Prinzip, das von allen Mitgliedern gelebt werden sollte. Auch Lehrer/innen, die eine Klasse oder Lerngruppe »führen«, benötigen Leadership. Es handelt sich dabei um eine wertschätzende und entwicklungsförderliche Haltung, die auf der Bereitschaft zu lebenslangem Lernen beruht.

Kotter (2011, S. 152) benennt den Zusammenhang zwischen Leadership und lebenslangem Lernen in einigen Stichpunkten, die ich für den Bildungsbereich zugespitzt habe. Demnach basiert Leadership auf einer Analyse von fünf Bereichen:

(1) *Persönliche Vorgeschichte*
- Was ist mein spezifisches Potenzial? Was ist »mein Element«?
- Was liegt mir am Herzen?
- Welche Erfahrungen haben mein Denken, Fühlen, Handeln geprägt? Was ist der innere Ort meines Handelns?
- Was weiß ich über meine »blinden Flecken«? Worin besteht mein Entwicklungsbedarf?

(2) *Leistungs- bzw. Wettbewerbsorientierung*
- Was ist mein Anspruchsniveau?
- Wie kann ich positive kreative Konkurrenz fördern?
- Wie stabil kann ich zu meinen Überzeugungen stehen und sie gegebenenfalls auch gegen Widerstände durchsetzen?

(3) *Lebenslanges Lernen*
- Welche Bereitschaft habe ich, mich aktiv neuen Herausforderungen zu stellen?
- Wie weit bin ich in der Lage, Erfolge und Misserfolge ehrlich zu reflektieren?

(4) *Fähigkeiten und Fertigkeiten*
- Wie steht es um mein Wissen? Wo habe ich Bedarf?
- Wie steht es um meine Führungsfähigkeiten? Wie kann ich sie weiterentwickeln?
- Über welche anderen hilfreichen Fähigkeiten verfüge ich?

(5) *Wettbewerbs- bzw. Zukunftsfähigkeit*
- Inwieweit bin ich in der Lage, den Wettbewerb konstruktiv und proaktiv zu gestalten?
- Inwieweit bin ich Lage, unserer Einrichtung Anstöße zu geben, die sie zukunftsfähig machen?

Die Entwicklung von Leadership ist niemals abgeschlossen, sondern ein lebenslanger Prozess. Lebenslange Lerner, so Kotter, gehen Risiken ein, die zu Erfolgen, aber auch zu Misserfolgen führen, denn wer nicht länger am Alten festhält und Neues erprobt, kann sich nie sicher sein, dass es auf Akzeptanz stößt und gelingt. Insofern bieten professionelle Lerngemeinschaften und/oder Schulleitungs- bzw. Führungs-/Gestaltungsteams sowohl wichtige Unterstützung als auch Schutz vor Überforderung.

Orchesterchef oder Bandleader?

Der Leadership-Kompass wie auch die kottersche Auffassung von Leadership bieten viele Möglichkeiten der Umsetzung, die auf Ihre Persönlichkeit und spezifische Situation zugeschnitten sind. Als hilfreich bei der individuellen Ausgestaltung hat sich die Orientierung an Führungsleitbildern bzw. Metaphern erwiesen. Einen originellen Vorschlag, den ich in »Team-Flow« ausführlich dargestellt habe, hat John Kao (1997), Gründer der »Ideas Factory«, gemacht, indem er das Führungsmodell eines Orchesterchefs mit dem eines Bandleaders vergleicht. Offensichtlich handelt es sich bei den Tätigkeiten von Symphonieorchestern und Jazzbands um zwei unterschiedliche Arten des Musizierens:

- Die erste Art besteht aus dem Nachspielen einer vorgegebenen Partitur, anhand derer wir entscheiden können, ob »richtig« oder »falsch« gespielt wurde. Das Talent von Partiturenspielern besteht vor allem in der Fähigkeit, vorgegebene Notentexte fehlerfrei nachzuvollziehen.
- Die zweite Art finden wir im Jamming aus dem Jazz, bei dem aufgrund einiger stillschweigender Übereinkünfte über ein gemeinsames Thema improvisiert wird. Das Talent von Jazzmusikern besteht darin, dass sie aus der Begegnung heraus spontan neue Notenkombinationen entwickeln, die überraschend sind und gut klingen.

Vielleicht werden Sie sich jetzt fragen, was diese Beschreibung mit Schule und Unterricht zu tun hat. Nun, es lässt sich unschwer erkennen, dass das Nachspielen von Partituren große Übereinstimmungen mit dem traditionellen schulischen Unterrichten, mit Pädagogik 2.0, aufweist, während das Jamming in Richtung meines Konzeptes von Pädagogik 3.0 weist – also in Richtung der 21st Century Skills. Hier geht es um kollaboratives Problemlösen und Innovieren. Statt sich zu stark an vorgegebene Normen und Ordnungen zu halten, bedarf es hier der Aufhebung von Routinen und der Schaffung eines Freiraums für persönliche Gestaltungen. Jazzbands basieren auf der Ermöglichung und Freisetzung von Gestaltungslust. Kao (1997, S. 325) erläutert: »Beim Jammen geht es darum, ein bestimmtes Umfeld für eine bestimmte Form der Unordnung zu schaffen. Es handelt sich dabei immer um einen Balanceakt zwischen Form und Freiheit, Disziplin und Kunst: Formales und Neues sind ständig miteinander konfrontiert, und so entsteht ständig etwas Neues.«

Sie, liebe Leser/innen, müssen sich entscheiden: Wollen Sie die traditionelle Rolle der Schulleitung ausfüllen, also eher Verwalter und Kontrolleur sein, oder sehen Sie sich als Visionär bzw. Gestalter? Geht es Ihnen vor allem darum, die Lehrer und Schüler zum Nachspielen vorgegebener Partituren anzuhalten, oder sind Sie bereit, ein gewisses Maß an Unordnung zuzulassen, das erst Wandel ermöglicht. Sehen Sie sich eher als Orchesterchef oder als Bandleader?

Zwar treffen Vergleiche dieser Art zwangsläufig nur einen Teil der Wirklichkeit, doch kann diese vereinfachende Entgegensetzung zur Klärung der von Ihnen angestrebten Leadership-Rolle beitragen. Auf jeden Fall brauchen wir in einer rasant sich wandelnden globalisierten Risikogesellschaft mehr kreative Bandleader, die nicht nur in der Lage sind, sich auf das Neue einzustellen, sondern es auch gemeinsam mit allen Beteiligten der jeweiligen Organisation aktiv zu gestalten. Wenn Kao Jammen als »einen Balanceakt zwischen Form und Freiheit, Disziplin und Kunst« bezeichnet (1997, S. 325), dann beschreibt er damit exakt die Herausforderung, vor der wir auch bei der Entwicklung von Schule und Unterricht, ja unseres Bildungssystems insgesamt, stehen. Statt uns an überkommene Ordnungen zu klammern, müssen wir lernen, kreativ zu improvisieren.

»Die Nützlichkeit von Notenblättern«, erläutert Kao (1997, S. 325), »steht nicht zur Debatte, aber zugleich ist offensichtlich, dass diese Nützlichkeit in einer Welt, in der man schnell, clever, extrem anpassungsfähig und vor allem äußerst kreativ sein muss, um im Wettbewerb zu bestehen, ihre Grenzen hat.«

In unseren Schulentwicklungswerkstätten mit dem Verfahren der neuen Zukunftswerkstatt schaffen wir Räume, die es Kollegien ermöglichen, Jammen – also das Improvisieren über die Zukunft ihrer Einrichtung – einzuüben, um Resonanz zu erzeugen.

Räume für Potenzialentwicklung

Wenn Sie sich eher als Bandleader sehen, dann besteht Ihre vorrangige Aufgabe darin, eine anregende Umgebung zu schaffen, die es Ihren Bandmitgliedern, also ihren Kolleg/innen und Schüler/innen, ermöglicht, ihre Potenziale in kreativer Konkurrenz zu entfalten bzw. sich durch gemeinsames Improvisieren über die jeweils anliegenden Herausforderungen gemeinsam weiterzuentwickeln.

Schulleitungen demonstrieren Leadership, wenn sie – etwa im Rahmen Pädagogischer Tage, aber auch durch attraktiv gestaltete Konferenzen – regelmäßig Räume für kreatives Improvisieren schaffen, mit dem Ziel, die Potenziale der Beteiligten für die Weiterentwicklung ihrer Schule freizusetzen.

Worin bestehen nun die Voraussetzungen für kreatives Improvisieren? Kao nennt drei Aspekte, die uns zugleich wichtige Hinweise dafür liefern, was wir tun müssen, wenn wir unser ungenutztes kreatives Potenzial erschließen wollen: In der Wirtschaft wie in der Musik sind für die Improvisation drei Dinge von zentraler Bedeutung:

(1) *Revision des Bewusstseins*
Revision des Bewusstseins bedeutet, die Herausforderung anzunehmen, das bekannte Terrain zu verlassen und mit neuen Formen und Inhalten zu experimentieren. Hier geht es darum, die Achtsamkeit zu erweitern, um die »auftauchende Zukunft« – etwa in der Entwicklung anziehender Zukunftsbilder – zu erspüren und Unterstützung dafür zu geben, Neues auszuprobieren.

(2) *Revision des Ortes*
Revision des Ortes bedeutet sowohl, von Zeit zu Zeit die Schule zu verlassen, um sich durch anders gestaltete Orte, Institutionen und Organisationen anregen zu lassen, wie auch die traditionelle Gestaltung des »Ortes Schule« zu überdenken. Hier geht es auch um eine Reflexion der Frage: Wie sehen zukunftsfähige optimale Lern- und Entwicklungsumgebungen aus? Wie sieht der für unser spezifisches Profil geeignete Lehr-Lernort aus?

(3) *Revision der Überzeugungen*
Revision der Überzeugungen bedeutet, dass man eigene mentale Modelle sowie die Grundannahmen traditionellen Erziehens und Unterrichtens infrage stellt, deren Nutzen überprüft und, wo hilfreich, nach neuen Modellen sucht bzw. sie entwickelt.

John Kao erwähnt das Beispiel des Jazzvirtuosen Charlie Parker, der mit der Redewendung »I'm going to the woodshed« auf seinen Holzschuppen hinwies, in den er ging, wenn er versuchte, neue Jazzstücke zu entwickeln. Der »Holzschuppen« steht für einen geschützten Ort, an dem man es wagen kann, Neuland zu erkunden.

Für die Schule bedeutet dies, dass sie eine Art Zukunftslabor, eine Ideenschmiede benötigt. Fragen folgenden Musters können hier bei der Umsetzung helfen:

- Wo steht der »Holzschuppen« in Ihrer Schule?
- Wo gibt es im Jahresverlauf Orte, Rituale, Veranstaltungen etc., die es der Schulgemeinde erlauben, sich auszutauschen und Innovatives zu entwickeln?
- Welche Umgebung in Ihrer Schule signalisiert, dass hier »die Post abgeht« und sich wichtige neue Dinge tun?
- Dank welcher spezifischen Maßnahmen trägt Ihre Schulkultur zur Steigerung des Bemühens um Kreativität bei?
- Wie machen Sie Kreativität zu etwas Greifbarem und Handlungsrelevantem?

Von null auf eins: Warum es nicht reicht, Schulen zu verbessern

Peter Thiel, Gründer des Internet-Bezahlsystems »PayPal«, Risikokapitalgeber und visionärer Vordenker des Silicon Valley vertritt in seinem Buch »Zero to One« (2014) die These, dass es in einer rasant sich wandelnden Welt immer häufiger darauf ankommt, nicht lediglich Dinge zu verbessern, sondern sich von Vorannahmen und Traditionen freizumachen, also bei null anzufangen, um zu wirklich neuen Lösungen zu kommen.

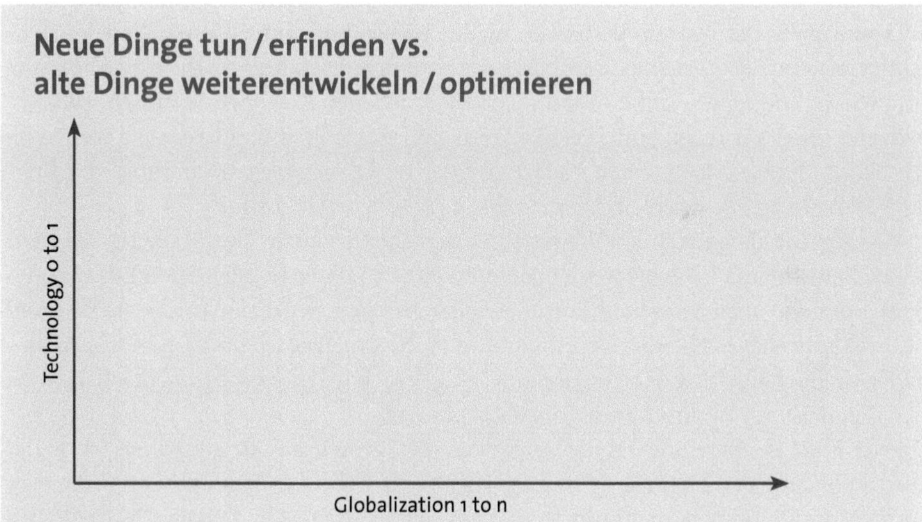

Abb. 13: »Zero to One«

Ein Beispiel ist der Wandel von der 1896 entwickelten Schellackplatte, die vier Minuten Musik speichern konnte und Ende der 1940er-Jahre von der Vinylplatte abgelöst wurde, bis 1978 die deutlich leistungsfähigere Compact-Disk entwickelt wurde. Dieses lineare Verbesserungsmodell überwand Steve Jobs 2001 mit der Einführung von »iTunes«. Hierbei handelte es sich nicht um eine lineare Verbesserung, sondern um »disruptiven« Wandel, der das alte Modell der Herstellung und des Vertriebs von Tonträgern obsolet machte (siehe Abb. 25). Ähnliche Entwicklungen werden wir bei der

Ablösung von Schulbüchern durch mit dem World Wide Web vernetzte, interaktive E-Books bzw. Lernplattformen erleben. Disruptiver Wandel wird vor Schulen nicht Halt machen, deshalb müssen wir ihn aktiv gestalten.

Schule wird ja oft als träger Tanker beschrieben und Christoph Keese, der Springer-Vorstand, der gerade aus dem Silicon Valley kam, fragte mich nicht von ungefähr, warum sich Schulen so wenig wandeln. Eine Ursache besteht aus meiner Sicht darin, dass Schulentwickler und Kultusverwaltungen sich zu oft darauf beschränken, das System zu verwalten und allenfalls zu verbessern. Doch angesichts des dramatischen Wandels kommt es immer häufiger darauf an, Schule mindestens anders, aber in vielen Bereichen auch völlig neu zu gestalten. Schulleitungen sollten also nicht bei der Frage stehen bleiben, wie sie ihre Schule »besser« machen können, sondern ihr Kollegium dazu inspirieren, wie sie »anders gemacht« oder gar »transformiert« werden kann.

Wie wir anhand des Modells der Zukunftswerkstatt bereits gesehen haben, geht es um einen grundlegenden Perspektivenwechsel, der im *Übergang von linearem Denken zum transformativen Denken* besteht, also im Aufgeben der Idee, man könne Entwicklungen aus der Vergangenheit bruchlos in die Zukunft verlängern. Stattdessen brauchen wir einen Perspektivenwechsel, der auf die Betrachtung der Gegenwart aus möglichen Zukünften setzt, der soziale Gestaltungsfantasien freisetzt, also einen Wandel von der Verwaltung und Verbesserung des Bestehenden hin zu Versuchen der Neuschöpfung, um die entstehenden Chancen auszuloten. Die Ideen für die Neuschöpfung von Schule und Unterricht können nicht allein aus den Kollegien kommen, sondern bedürfen einer Vernetzung mit Personen aus unterschiedlichsten Bereichen, weswegen wir bei Zukunftswerkstätten an Pädagogischen Tagen vorschlagen, ein möglichst breites Spektrum an Personen einzuladen, die an Schule beteiligt sind.

Was die Möglichkeiten zur Umsetzung der entstehenden Ideen betrifft, sind wir nicht allein auf uns zurückgeworfen, denn sowohl im Rahmen der »Open Education«-Bewegung wie auch vonseiten kommerzieller Anbieter wird mit Hochdruck an der Entwicklung entsprechender Verfahren und Plattformen gearbeitet. Crowdsourcing – im Sinne einer Nutzung der »Weisheit der Vielen« – wird mehr möglich machen, als es sich die meisten von uns derzeit vorstellen können.

Peter Thiel, der bereits erwähnte Vordenker des Silicon Valley, irrt allerdings mit seiner Überbewertung der Technik, denn auch im Zeitalter sozialer Netzwerke und digitaler Lernplattformen geht es nicht um Technologie allein. Die neuen digitalen Technologien lassen sich nur sinnvoll umsetzen, wenn sie eingebunden sind in die Entwicklung neuer sozialer Verhaltens- und Verarbeitungsweisen. Digitale Technologien können – wie ich in »Digitale Dividende« (Burow 2014 und »Schule der Zukunft« (Burow 2022)) detailliert beschrieben habe – Lehrer/innen bei der passgenauen Vermittlung von Basiswissen entlasten. Gleichzeitig wächst damit aber auch die Anforderung, Schüler/innen nicht nur darin zu unterstützen, mit diesen neuen Technologien umzugehen, sondern auch einer Vernachlässigung sozialer sowie musisch-kreativer Fähigkeiten entgegenzuwirken. Bildung kann nicht durch Computerprogramme ersetzt werden. Ganz im Gegenteil wächst im digitalen Zeitalter die Bedeutung personaler, intersubjektiver Begegnung. Insofern liegt in der Entwicklung von innovativen Lehr-Lernkonzepten, die die neuen Gestaltungsmöglichkeiten zur Bildung neuer Beziehungen zwischen Lehrern und Schülern nutzen, ein zentrales Aufgabenfeld zukunftsorientierter Schulentwicklung und Schulleitung. Zu oft aber noch vergeuden Schulleitungen und Lehrer/innen ihre Kräfte in der Abwehr des Neuen und dem Beharren auf Traditionen. Vorstellungen, wohin die Reise gehen könnte, bieten zum Beispiel die anregenden Kurzvorträge, die Sie auf www.ted.com unter dem Stichwort »education« betrachten können.

Müssen wir Schule neu erfinden?

So geht – um ein Beispiel zu geben – der visionäre Bildungsrevolutionär Anant Agarwal in seinem inspirierenden TED-Vortrag (2013, www.ted.com/talks/anant_agarwal_why_massively_open_online_courses_still_matter?language=de) noch einen Schritt weiter: Fast alles auf der Welt, so trägt er vor, hat sich verändert, nur nicht die Form, wie wir unterrichten. Die letzte Innovation sei die Druckerpresse gewesen und seitdem dominiere Stagnation. Wir müssten den Klassenraum und das, was in ihm passiert, radikal neu erfinden, und digitales Lernen werde dies ermöglichen. Fast alles gehöre auf den Prüfstand: Er plädiert für den Abschied von Frontallektionen an der Tafel etwa hin zu animierten, individualisierten und interaktiven Online-Übungen und -Experimenten, zu »virtuellen Lernlaboratorien«, zu »peer-interaction-groups« und »discussion-boards« und vielem mehr.

Es sei nicht mehr zeitgemäß, so Agarwal, Schüler um 8 Uhr in einen Klassenraum zu sperren, denn wer sitze schon gern um acht im Klassenraum. Vielmehr gehe es um die Entwicklung von Konzepten des Blended Learnings (Wechsel von Online-Lektionen mit konkreter Interaktion mit der Lehrkraft), die »active learning« durch interaktive Übungen ermöglichen, welche auf den Lernstand des Schülers passgenau zugeschnitten sind. Es geht um Lehr-Lernumgebungen, die weitgehende Selbststeuerung ermöglichen, sodass der »Lehrer« jederzeit zurückgespult werden kann und jeder in seinem eigenen Tempo lernt. Mit Unterstützung digitaler Technologien sei es möglich, den Schüler/innen passgenaues positives Feedback zu geben, das auf ihr individuelles Lerntempo und ihre Lernfortschritte abgestimmt ist. Online-Laboratorien, die nach den Prinzipien von Computerspielen funktionieren, erhöhten die Lernfreude, und Peer-Learning trüge damit nicht nur zur Ausbildung einer selbstgesteuerten Lernkultur bei, sondern könne zugleich die Lehrer/innen dadurch entlasten, dass die entstehenden Lerngemeinschaften der Schüler/innen viele Fragen selbst beantworteten.

Mag man auch Zweifel haben an dieser so optimistisch daherkommenden Vision einer schönen neuen digitalen Lehr-Lernwelt, so gibt es doch längst – etwa mit der kostenfreien Khan-Academy – insbesondere für den Mathematikunterricht beeindruckende Realisierungen, die weit über das Versuchsstadium hinausgelangt sind. Auch die traditionelle Lehrerausbildung kommt in Agarwals (2013) Zukunftsbild nicht ungeschoren davon:

»Wir werden noch einen Hörsaal behalten müssen, damit unsere Enkel sagen können: Schaut mal, so wurde früher unterrichtet. Man sperrte die Schüler und Studenten in solche Räume, man sortierte sie in Sitzreihen und sie mussten einem Professor zuhören und es gab nicht mal einen Rewind-Knopf.«

Entlastung durch Team-Flow

Eines sollte bei meinen bisherigen Ausführungen deutlich geworden sein: Schulleitung wird im Digitalen Zeitalter nicht einfacher. Im Gegenteil: Die Anforderungen steigen. Kollegien sind heute schon häufig überlastet, ja überfordert mit den vielfältigen Anforderungen, die durch das Alltagsgeschäft, die Bildungsreformen und nicht zuletzt den technologischen Wandel auf sie zukommen.

Agarwals Anregungen betreffen vor allem die Veränderung des Unterrichts durch digitale Technologien, aber ebenso wichtig sind die Herausforderungen, die sich durch die Notwendigkeit zur Profilbildung etwa im Bereich der kulturellen Bildung zur »Kulturschule« bieten. Unter www.bkj.de, der Homepage des Bundesverbandes Kulturelle Kinder- und Jugendbildung, finden Sie hierzu viele Hinweise und auch die Möglichkeit, an »MIXED UP«, dem Kulturschulwettbewerb, teilzunehmen, in dessen Jury ich sitze. Pro Jahr bewerben sich hier über 300 Schulen. Eine andere Möglichkeit, den Wandel voranzutreiben und Ihrer Schule ein attraktives Profil zu geben, besteht in der Öffnung der Schule und Befähigung der Schüler zu bürgerschaftlichem Engagement bzw. eingreifender Zukunftsgestaltung, für die die Konzepte des Service-Learnings konkrete Umsetzungsmodelle bieten. Man kann sie unter www.sozialgenial.de finden. Viele weitere Anregungen finden Sie in den Netzwerken engagierter Bildungsreformer wie »Archiv der Zukunft« (www.adz-netzwerk.de), dem Schulverbund »Blick über den Zaun« (www.blickueberdenzaun.de) oder dem Netzwerk »Schule im Aufbruch« (https://schule-im-aufbruch.de) sowie dem Deutschen Schulportal (https://deutsches-schulportal.de).

Ganz egal, welchen Entwicklungsschwerpunkt Sie Ihrer Schule geben wollen, kommt es aber darauf an, wie wir oben gesehen haben, sich auf einige wenige »big goals« zu konzentrieren und im Auge zu haben, dass die Kollegen und die Schüler nicht überlastet werden. Eine Hilfe dabei bietet die systematische Entwicklung einer Kultur der arbeitsteiligen Teamarbeit.

Damit der Lehrerberuf und das Geschäft des Schulemachens nicht noch unmöglicher werden, müssen sich Schulleitungen Strategien überlegen, wie sie die Weiterentwicklung oder gar die Neuerfindung von Schule dazu nutzen können, um den Druck zu reduzieren und vielleicht sogar zur Entlastung beizutragen. Nachfolgendes Bild aus einer Zukunftswerkstatt (Abb. 14), mit dem ein Lehrer seine derzeitige Situation charakterisierte, macht eindrücklich deutlich, dass wir dringend veränderte Modelle der Schul- und Unterrichtsgestaltung benötigen:

»Scheiternde Er-ziehung«
Das traditionelle Schulmodell ist nicht mehr zeitgemäß

Dabei gibt es im »digitalen Zeitalter« mehr »anziehende« Lernumgebungen …

Abb. 14: Zeichnung eines Lehrers als Zeitdiagnose: Scheiternde Er-ziehung

Diese Skizze scheiternden Unterrichts illustriert, was Ken Robinson in seinen Studien belegt: Lehrer/innen treffen heute immer öfter auf Schüler/innen, die längst in digitalisierten Welten leben, und viele sind nur schwer durch traditionelle Formen des Unterrichts zu erreichen. Dabei sind die Schüler auf dieser Abbildung nicht untätig: Eine Dreiergruppe tauscht sich angeregt aus, ein Schüler baut Papierflieger, ein anderer ist mit seinem Handy beschäftigt, weitere betätigen sich körperlich. Hier wird offensichtlich, dass wir vielfältig gestaltete Lehr-Lernumgebungen brauchen, die die individuellen und kollektiven Potenziale der Schüler/innen herausfordern und die einseitige Fixierung auf die Lehrkraft überwinden. Verschärft wird die Situation dadurch, dass die Lehrperson hier – durchaus typisch – als Einzelkämpfer agiert. Untersuchungen zu den Ursachen zur besonderen Belastung im Lehrerberuf kommen denn auch zu dem Schluss, dass die Kultur des unterrichtenden Einzelkämpfers viele Lehrer überfordert.

Bislang ist Schule allerdings so konzipiert, dass Teamarbeit nicht oder zu wenig unterstützt wird. Im Gegenteil: Oft erleben die Kolleg/innen sie als eine zusätzliche Belastung, werden doch weitere Sitzungen für Absprachen notwendig und erweist es sich als schwierig, ohne Unterstützung und geeignetes Team-Training diese Arbeitsform so zu praktizieren, dass sie auch wirklich zur Entlastung beiträgt.

Aufgrund meiner jahrzehntelangen Arbeit mit Schulen und Bildungseinrichtungen ist meine These, dass Teamarbeit nur gelingt, wenn die Schule Teamarbeit als essenziellen Bestandteil in Schulkultur und Leitbild verankert und Team-Flow im Schulalltag erfahren wird. Teamarbeit muss ein durchgehendes Prinzip sowohl bei der Kooperation der Lehrer/innen wie auch bei der Gestaltung des Unterrichts sein. Wenn wir unsere Seminare »Arbeitserleichterung durch Kooperation« genannt haben, so war dies kein Werbetrick, sondern zielte auf den Kern: Teamarbeit wird sich nur durchsetzen, wenn sie sowohl zur Entlastung und zur Verbesserung des Schulklimas beiträgt als auch für bessere Leistungsergebnisse sorgt. Wie kann das gelingen?

Ich sehe hier drei wesentliche Ansatzmöglichkeiten:

- Kooperative Unterrichtsgestaltung in Jahrgangs- bzw. Abteilungsteams auf der Lehrerebene
- Kooperative Unterrichtsgestaltung in Jahrgangs- bzw. Abteilungsteams auf der Schülerebene
- Kollegiales Teamcoaching

Zunächst zwei Beispiele für die Umsetzung der ersten zwei Punkte: In der Offenen Schule Waldau (OSW) in Kassel, auf die meine Tochter ging, sind die Kolleg/innen in Jahrgangsteams eingeteilt, die jeweils vier Klassen von der fünften bis zur zehnten Klasse begleiten und dabei alle anfallenden Aufgaben gemeinsam lösen. Hier ergibt sich der Anreiz zur Teamarbeit sowohl aus der Organisationsstruktur wie auch aus der architektonischen Gestaltung: Die Jahrgänge sind in Pavillons untergebracht, in denen sich vier Klassenräume und eine Lehrerstation um eine gemeinsame Fläche gruppieren, die für Gruppenarbeiten, Theateraufführungen und Ähnliches geeignet ist.

Ähnlich geht zurzeit die Stadt München vor, die bei ihren Neubauten das »Münchner Lernhauskonzept« realisiert, in dem ebenfalls die Klassen zu Teams zusammengefasst werden, wobei hier allerdings eine Jahrgangsmischung in der jeweiligen Unterabteilung vorgesehen ist. 90 bis 100 Schüler/innen werden in vier Klassen zu einer Lerneinheit zusammengefasst. 2 bis 6 Lernhäuser ergeben im Grundschulbereich eine Schule. Dahinter steht die Idee, dass ältere Schüler Patenschafts- bzw. Tutorenfunktion für die unteren Klassen übernehmen (http://www.ganztag-muenchen.de/das-muenchner-lernhauskonzept).

Unabhängig von diesen Beispielen sind andere Umstrukturierungen innerhalb bestehender Schulen vorstellbar, die auch ohne große architektonische Umbauten den Reiz erhöhen, im Team zusammenzuarbeiten.

Doch die Teamarbeit der Kolleg/innen ist nur der erste Schritt, der weitergeführt werden sollte in einem mittelfristig zu realisierenden Umbau der Unterrichtskultur. Wenn es gelänge – beginnend in der Grundschule, spätestens aber in der fünften Klasse –, Schüler/innen dazu zu befähigen, kontinuierlich in Fünfer- oder Sechserteams zu arbeiten, wäre es möglich, viele der Probleme zu lösen, unter denen Lehrer heutzutage leiden: Statt wie in obiger Karikatur (Abb. 14) an dreißig Schüler/innen »ziehen« zu müssen, stände der Lehrer vier bis fünf Teams gegenüber, die es im Laufe der Jahre gelernt haben, ihre Prozesse weitgehend eigenständig zu regulieren. Viele Teams wären in der Lage, weitgehend selbstständig zu arbeiten, wodurch die Lehrkraft Zeit gewönne, um sich um die Schüler/innen zu kümmern, die eine persönliche Unterstützung benötigen.

Wie ein solches Teammodell funktioniert, kann man am Beispiel der IGS Göttingen sehen, die ein solches seit vielen Jahren mit Erfolg praktiziert und nicht von ungefähr den Deutschen Schulpreis gewonnen hat: http://www.igs-goe.de/grundlagen/. Noch radikaler geht die Alemannenschule Wutöschingen vor, in der Schulklassen abgeschafft sind und alle in wechselnden Teams arbeiten.

Mit dem schrittweisen Aufbau solcher Teammodelle ließen sich viele neue Lehr- und Lernarrangements realisieren, die die Eigenständigkeit der Schüler/innen förderten, die Fähigkeit zur Kollaboration erhöhten und zusätzlich die Lehrkraft entlasteten. Eine digitale Unterstützung für selbstständig arbeitende Teams mit passgenauen Aufgabenstellungen und Werkzeugen zum Peer-Tutoring bietet – wenn auch erst auf Englisch – die ausgefeilte Plattform der Khan Academy kostenfrei.

Im Übrigen handelt es sich hier um das Modell, nach dem auch die moderne Arbeitswelt funktioniert, weswegen die Oskar-von-Miller-Berufsoberschule in Kassel eine ganze Lernetage nach diesen Prinzipien gestaltet hat. All diese Beispiel zeigen: Teamarbeit bietet viele Chancen für Entlastung bei gleichzeitiger Ergebnisverbesserung. Die Vereinzelung von Lehrern und Schülern im traditionellen Unterrichtsmodell ist anachronistisch.

Kollegiales Teamcoaching (KTC)

Wer auf Teamarbeit setzt, sollte auch Möglichkeiten des Teamcoachings vorsehen. Hier bieten sich bewährte Modelle des Kollegialen Teamcoachings (KTC), die es Lehrer/innen ermöglichen, sich gegenseitig zu unterstützen und ihre Erziehungs- und Unterrichtsarbeit zu optimieren. Aber in modifizierter Form ist das KTC auch für die Arbeit mit Schülern geeignet – etwa im Rahmen von Kursen zum sozialen Lernen oder im Klassenrat. Beim Kollegialen Teamcoaching beraten sich Kollegen bzw. Schüler – möglichst in Fünfer- oder Sechser-Teams – zu den Fragen bzw. Problemen, die für sie im Moment im Vordergrund stehen.

Zwar haben Schley und Schley (2010) hierzu ein ausgezeichnetes komplexes Modell vorgelegt, dessen vollständige Umsetzung an die Leitung durch einen kompetenten KTC-Trainer gebunden ist. Doch nach meinen Erfahrungen kann man auch mit einer »abgespeckten« Version – auch ohne den Einsatz teurer Trainer – gute Erfolge erzielen. Nachfolgende Übersicht zeigt einen solchen einfachen Ablauf:

Einstieg: Ankommen/Rollen verteilen	5 Min.
Check-in: Was ist mein Anliegen/mein Problem?	5 Min./Person
Problemklärung: Konferenz der Coaches	15 Min./Person
Zielklärung: Was habe ich erkannt und was möchte ich bis zum nächsten Treffen erreichen?	10 Min./Person
Feedback: Wie war unsere Beratung?	5 Min.
Weitere Beratungsrunde:	5x40 Min.

Abb. 15: Wie funktioniert ein KTC?

Zum Einstieg werden die Rollen festgelegt: eine Person, die ihr Problem berichtet; ein Moderator und ein Protokollant; ein Prozessbeobachter sowie ein Coach. Prozessbeobachter, Moderator und Protokollant nehmen eine Doppelrolle ein, fungieren sie doch auch als Coaches.

Die Person, die sich beraten lässt, wendet in der Phase der Problemklärung, also während der Konferenz der Coaches, der Gruppe den Rücken zu. Die Coaches versuchen zunächst, das Schlüsselthema herauszuarbeiten, um dann Lösungsvorschläge zu entwickeln. Anschließend wendet sich der zu Beratende, der die Lösungsvorschläge der Gruppe gehört hat, den Beratern wieder zu und erklärt zunächst, was er verstanden hat, um anschließend einen konkreten Schritt zu benennen, den sie/er bis zum nächsten Gruppentreffen unternehmen wird. In der letzten Phase gibt der Prozessbeobachter seine Eindrücke zum Beratungsverlauf wieder. Danach wechseln die Rollen und ein neuer Durchlauf beginnt.

Auf diese Weise können nicht nur kollegial Probleme bearbeitet werden, sondern die Beteiligten üben zugleich einen wertschätzenden Austausch ein, trainieren also wertschätzende Kommunikation.

Abbildung 16 aus Schley und Schley (2010) zeigt das aufwändigere 60-Minuten-Modell.

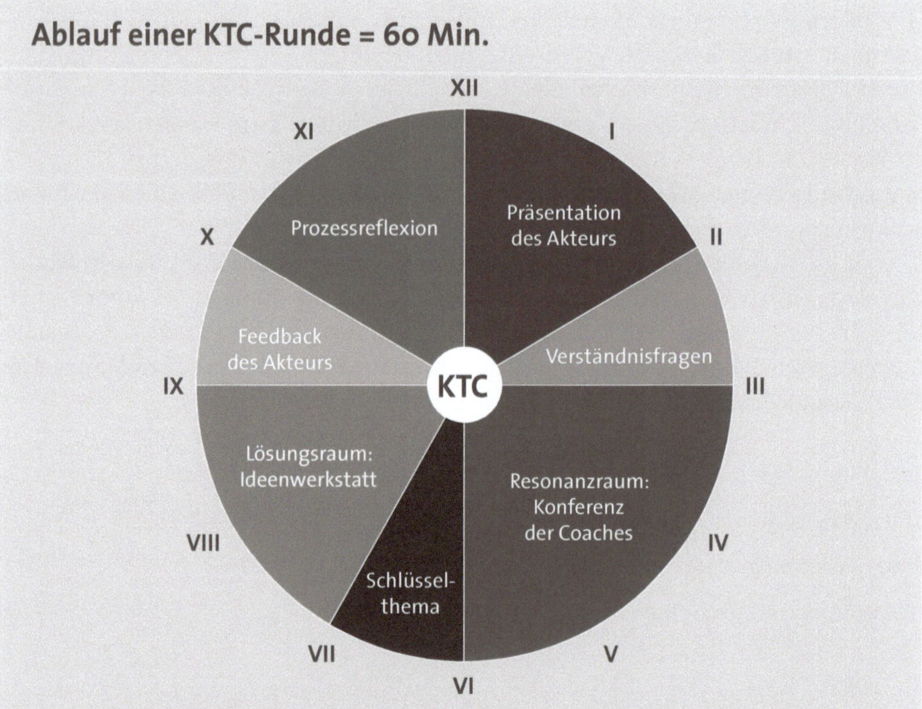

Aus: Schley V. & Schley W. (2010): Handbuch Kollegiales Teamcoaching. Innsbruck: Studienverlag.

Abb. 16: Ablauf einer KTC-Runde = 60 Minuten

Einen möglichen Ablauf habe ich in Anlehnung an Schley und Schley (2010) in nachfolgender Abbildung zusammengefasst:

Ablauf:

Die Zeitstruktur ist unbedingt einzuhalten!

- I: Akteur präsentiert seine Situation/ ein Problem (10 Min.)
- II: Akteur beantwortet Verständnisfragen der Coaches (5 Min.)
- III: Akteur wendet sich mit dem Rücken zur Gruppe
- IV: Coaches äußern Vermutungen/Hypothesen (15 Min.)
- V: Ziel: Das »Schlüsselthema« definieren
- VI: **Schlüsselthema** definieren (5 Min.)
- VII: **Ideenwerkstatt** (10 Min.):
- VIII: Sammeln von Ideen und Vorschlägen zur **Problemlösung**
- IX: Akteur kehrt in die Gruppe zurück, gibt Feedback (5 Min.)
- X: Feedback des Prozessbeobachters
- XI: Gemeinsame Reflexion des Verlaufs
- XII: Abschluss: **Transfervereinbarung** (X-XII 10 Min.)

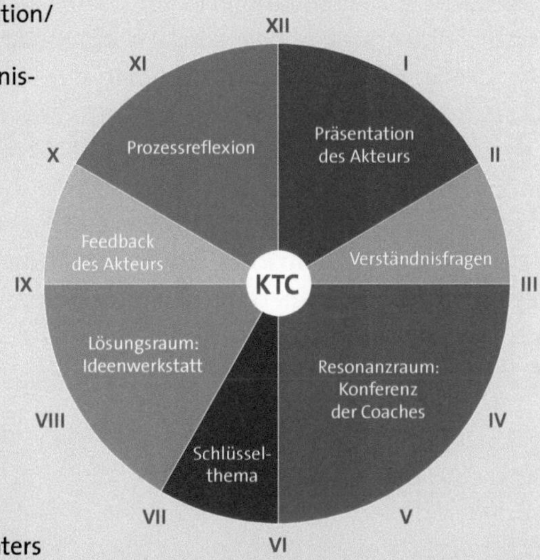

Aus: Schley V. & Schley W. (2010): Handbuch Kollegiales Teamcoaching. Innsbruck: Studienverlag.

Abb. 17: Ablauf einer KTC-Runde

Wem dieses vereinfachte Verfahren zu oberflächlich ist, der kann natürlich eine aufwändige Ausbildung im KTC wahrnehmen, die Schley und Schley anbieten.

Mein vereinfachtes Modell (Abb. 17) eignet sich auch für Schüler-Coaching. Wer es hier komplexer möchte, der findet im »Mündener Modell« von Andrea Laake (2012) konkrete Anleitungen für das Coaching mit Schüler/innen.

Die Wertschätzende Diagnose

Leadership als Schulleitungshandeln zeigt sich, wie wir gesehen haben, in der Entwicklung einer gemeinsam geteilten attraktiven Zukunftsvision und einem konkreten Umsetzungsplan, der auf wenige große Ziele fokussiert ist. Anhand des Pinguin-Prinzips nach Kotter haben wir die Stufen eines kompletten Change-Prozesses kennengelernt.

Als Startpunkt empfehle ich die Durchführung eines ein- bis zweitägigen Workshops, der nach dem Muster einer modifizierten Zukunftswerkstatt abläuft, die auf dem Dreischritt »Wertschätzende Diagnose – Vision – Umsetzungsplan« beruht. Am wirkungsvollsten sind natürlich Veranstaltungen in einer attraktiven Tagungsstätte außerhalb der Schule, denn es ist schwer, am alltäglichen Arbeitsplatz auf völlig neue Ideen zu kommen. Außerdem sind die informellen Gespräche, die sich abends beim geselligen Beisammensein ergeben, für den Erfolg der Unternehmung sehr wichtig. Allerdings beschränken sich die meisten Schulen aus Kostengründen auf einen Tag an ihrer Schule, was auch funktioniert.

Je nach Teilnehmerzahl beginnen wir um 8 oder 9 Uhr und enden um 16.30 oder 17 Uhr. Den Start bildet eine programmatische Rede der Schulleiterin bzw. des Schulleiters oder des gesamten Schulleitungsteams, wie es beispielsweise an der IGS Kronsberg stattfand. Hier stellten die Mitglieder der Steuergruppe mit verteilten Rollen die Zukunftsherausforderungen dar.

Anschließend findet – bezogen auf das jeweilige Thema – die Wertschätzende Diagnose statt, die auf der Spitze des Leadership-Kompasses steht. Bei nachfolgender Anleitung (Abb. 18) ging es darum, Rhythmisierungskonzepte für den Ganztag an einer Gesamtschule zu entwickeln:

Das Wissen der Vielen freisetzen:
Wertschätzende Diagnose

Leitfragen:

Was ist uns gelungen?
Was sind unsere Erfolgsprinzipien?
Wovon wollen wir mehr?

Einzelarbeit:

- Erinnern Sie eine Situation, in der Sie mit einer veränderten Zeitstruktur arbeiteten und Rhythmisierung gelang.
- Schreiben Sie diese Situation auf, versehen Sie sie mit einem Titel oder Begriff und finden Sie ein Symbol.

Gruppenarbeit:

a) Tauschen Sie die Geschichten aus, einigen Sie sich auf drei Erfolgsprinzipien, die Sie auf grüne Karten schreiben.
b) Benennen Sie ein Haupthindernis, das Sie auf eine rote Karte notieren.
c) Wählen Sie eine Geschichte fürs Plenum.

Abb. 18: Beispiel Anleitung Wertschätzende Diagnose

Im Vorfeld hatte die Steuergruppe verschiedene Schulen besucht und sich mit Rhythmisierungskonzepten befasst. In einem einführenden Vortrag wurden diese vorgestellt. Die »Wertschätzende Diagnose« zielte im Anschluss an diesen Überblick darauf ab, Raum für den Austausch eigener Erfahrungen mit der erfolgreichen Realisierung von Rhythmisierung zu geben.

Die Kolleg/innen sollten sich zunächst an eine Situation erinnern, in der es Ihnen gelang, eine Form der rhythmisierten Unterrichtsgestaltung erfolgreich umzusetzen. Sie erhalten hierzu ein Analyseblatt, auf dem drei Kästen abgebildet sind. In den oberen linken Kasten sollen sie ein Symbol eintragen, das die besondere emotionale Qualität der Situation ausdrücken soll; in das danebenstehende Kästchen ein Wort oder einen Slogan und in das untere Kästchen in Spiegelstrichen die Kernelemente benennen, die zum Erfolg der Situation beitrugen. Anschließend treffen sich die Beteiligten auf dem »Marktplatz«, bilden Gruppen, die ihre Geschichten austauschen, sich auf drei gemeinsame Erfolgsprinzipien einigen, die sie auf grüne Karten schreiben, einen Hinderungsfaktor benennen (auf rote Karten) und eine Geschichte für den Vortrag im Plenum auswählen. Abbildung 19 aus der Arbeit mit der Montessori-Schule Hofheim gibt dafür ein Beispiel:

Abb. 19: Gruppengespräch Montessori-Schule Hofheim

Wie man sehen kann, bewirkt der wertschätzende Austausch eine positiv gefärbte Aufbruchsstimmung, denn es ist beflügelnd zu sehen, wie viel kreative Arbeit im Kollegium bereits vorhanden ist.

Meine Erfahrungen zeigen: In Veränderungsprozessen ist es wichtig, die Kompetenzen der Kolleg/innen zu würdigen, indem man – wie in diesem Fall – eigene Umsetzungsversuche sichtbar macht und wertschätzt, um das im Feld vorhandene Wissen zu vernetzen und Offenheit für die anschließende Visionenphase zu schaffen.

In Abhängigkeit vom jeweiligen Ziel kann die Diagnosefrage verschiedene Ausrichtungen erhalten: Oft geht es um Beispiele gelungenen Unterrichts, Beispiele erfolgreicher Binnendifferenzierung, Realisierungen einer gesundheitsförderlichen Vormittagsgestaltung, Anregungen dafür, wie inklusiver Unterricht gelingen kann, Episoden fruchtbarer Kooperation und vieles mehr. Für den Erfolg des Pädagogischen Tages ist entscheidend, dass im Vorfeld – unter Einbezug der Steuer- bzw. Gestaltungsgruppe sowie der übrigen Kolleg/innen, oft auch von Schüler- und Elternvertretern – ein *gemeinsam getragenes Entwicklungsthema* vereinbart wird, dessen Bearbeitung angegangen werden soll.

Wertschätzende Befragungen bzw. Diagnosen eignen sich, wie meine langjährigen Erfahrungen zeigen, in ausgezeichneter Weise dazu, einen Prozess wirksamer Schulentwicklung anzustoßen, besteht doch hier der Ausgangspunkt in einer Anerkennung der guten Arbeit, die die Kolleg/innen bezogen auf die jeweilige Herausforderung bereits geleistet haben.

Der Ausgang von einer Position der Wertschätzung ist deshalb wichtig, weil positive Gefühle öffnen, wie uns die Positive Psychologie gezeigt hat. Und in der Tat: In dieser Phase werden oft tief berührende Ereignisse erzählt, in denen es Kolleg/innen gelang, pädagogische Probleme auf unerwartete Weise zu lösen. Auf diese Weise können die Kolleg/innen nicht nur zeigen, wie viel gute und kreative Arbeit sie leisten, sondern auch ihr Repertoire durch gegenseitige Anregung erweitern und damit den Aufbau einer Kultur kollegialer Beratung anstoßen.

Der Austausch von solchen Erfolgsgeschichten ist aber auch ein wichtiger Ausgangspunkt dafür, dass Kollegen dazu bereit sind, gewohnte Routinen infrage zu stellen und sich für Innovationen zu öffnen. Denn die meisten der erzählten Geschichten handeln von Situationen, in denen von der Routine abgegangen wurde und man sich dem spontan auftauchenden Neuen geöffnet hatte. Es handelt sich oft um *Situationen jenseits des Lehrplans*, die auch deshalb gelangen, weil die Lehrer/innen durch die Abweichung von ihrer Planung in intensiven Kontakt mit Schülerbedürfnissen kommen. Man denke an das zu Beginn erwähnte Beispiel des Kollegen an einer Brennpunktschule, der dem Vorschlag der Schüler/innen, einen funktionsfähigen Go-Kart zu bauen, folgte und ein dreimonatiges fächerübergreifendes Projekt umsetzte, in dem die Schüler/innen sich plötzlich hochmotiviert und engagiert zeigten.

Im Anschluss an den Austausch der Erfolgsgeschichten notieren die Kolleg/innen drei gemeinsam geteilte Erfolgsprinzipien, die den Einzelgeschichten gemeinsam sind und die so etwas wie das verdrängte »pädagogische Tiefenwissen« der Pädagog/innen ausdrücken. Im Sinne der Positiven Pädagogik und des Losada-Quotienten (Verhältnis 3:1 = drei Gelingensfaktoren und ein Hinderungsgrund) fokussieren wir hier gezielt auf Erfolge, weil der Austausch darüber kreative Fantasie anregt und den Kulturwandel vorbereitet. So jedenfalls meine These, doch was kommt dabei heraus?

Obwohl ich dieses Verfahren seit vielen Jahren in unterschiedlichsten Einrichtungen durchführe, überrascht mich immer wieder neu, wie übereinstimmend sich die Mehrzahl der Kollegien auf einen überschaubaren Satz von gemeinsam geteilten Prinzipien einigt. Offenbar gibt es unter der Oberfläche alltäglichen Handelns ein verborgenes Wissen über die Faktoren, die zum Gelingen von Lehr-Lernsituationen beitragen – ein Wissen, das nur selten abgefragt wird. Dabei steckt hier eine entscheidende Kraft für wirksame Schulentwicklung.

Die »weichen« Faktoren sind entscheidend!

In Abbildung 20 habe ich einige dieser Prinzipien, die die Kolleg/innen in unterschiedlichsten Schulen übereinstimmend nennen, zusammengefasst, wobei die Größe der Buchstaben die Häufigkeit der Nennungen wiedergibt:

Abb. 20: Erfolgsprinzipien bzw. Glücksfaktoren, die Gruppen nennen

Wie wir sehen, sind es aus Sicht der Lehrer/innen vorwiegend die »weichen« Faktoren, die über den Erfolg von Schule und Unterricht entscheiden. Es geht in erster Linie um die *Qualität der Beziehungen und der Zusammenarbeit.* Hier stellt sich die Frage: Wie kommt es in der Wertschätzenden Befragung/Diagnose zu dieser erstaunlichen Übereinstimmung in den Grundauffassungen, erleben wir doch in vielen Kollegien oft eine große Uneinigkeit über Unterrichts- und Erziehungsvorstellungen? Die Wertschätzende Diagnose macht etwas anderes sichtbar: Ganz gleich ob in Grund, Real- oder Gesamtschulen und Gymnasien: Immer werden im Wesentlichen die gleichen Erfolgsprinzipien benannt. Was steckt hinter diesem Phänomen?

Die Entdeckung des gemeinsamen Grundes

Glaubt man dem New Yorker Management-Professor Marvin Weisbord, der mit seiner »Future Search Conference« ein ähnliches Zukunftsplanungsmodell – allerdings für Unternehmen – entwickelt hat, dann handelt es sich um die Entdeckung des verborgenen »gemeinsamen Grundes«, der in allen Organisationen unter der Oberfläche versteckt ist. »Discovering Common Ground« (1992) betitelte er denn auch die Ergebnisse seiner Untersuchung aus der Arbeit mit einer Vielzahl von Unternehmen.

Diese These eines missachteten Hintergrundwissens der Beteiligten über erfolgreiches Handeln wird von Ken Robinson bestätigt, der in seinem Buch (2015) eine fulminante Kritik der Tendenzen zu Standardisierung und Datengläubigkeit im Bildungsbereich liefert, die von Julian Nida-Rümelin (2015) aus erziehungsphilosophischer Perspektive unterstützt wird: Diese scheinbaren Optimierungsstrategien verfehlten den Charakter von Bildung und missachteten grundlegende Erfahrungen bzw. Bedürfnisse von Lehrern und Schülern. Demnach sind Schulen nach wie vor zu sehr – wie bereits oben skizziert – dem Modell des Industrialismus und der Massenproduktion verhaftet. Was bei industrieller Fabrikation notwendig ist, nämlich die immer gleiche Qualität der Produkte, sei bei Menschen unangemessen, da es sich um organische Wesen handelt, von denen jedes einzigartig ist.

Wenn wir also mehr über die Bedürfnisse von Lehrern und Kindern wissen wollen, dann müssen wir sie zu ihren Erfahrungen und den Gelingensbedingungen *aus ihrer Sicht* befragen. Genau dies leistet die Wertschätzende Diagnose. Das Tiefen- oder Erfahrungswissen der Beteiligten ist in den output-orientierten Vergleichsstudien der empirischen Bildungsforschung bislang zu wenig berücksichtigt worden, weil diese – wie Nida-Rümelin (2015) kritisiert – sich auf einen eingeschränkten Fokus messbarer Dimensionen konzentrierten und mit dem Anspruch der »Evidenzbasierung« letztlich einen verdeckten normativen Rahmen setzten, der das Wesen von Bildung verfehlt.

Social Physics: Auf die Beziehungsstruktur kommt es an!

Statt hier einen unproduktiven Gegensatz aufzubauen, geht es mir darum, die »subjektiven« Daten mit »objektiven« zu ergänzen. Die »Wertschätzende Diagnose« zielt in diesem Sinn darauf ab, die »Weisheit der Vielen« als erkenntnisleitenden Orientierungsfaktor zu organisieren. Demnach hilft es, zu beobachten, was die handelnden Personen wirklich tun, anstatt sich damit zu begnügen, was sie in Fragebogen äußern. Wie die Auswertung einer Vielzahl von Zukunftswerkstätten zeigt, sind die »weichen Faktoren« entscheidend für die Entwicklung guter Schule und hier vor allem die Identifikation mit der eigenen Institution sowie eine wertschätzende Kommunikation, die alle Beteiligten angemessen einbezieht. Viele Schulleitungen werden behaupten, dass ihre Handlungen genau auf die Realisierung dieser Dimension abzielen. Doch daran sind Zweifel angebracht.

Wie Führungskräfte wirklich handeln, zeigt eine Studie des MIT-Forschers Alex Pentland (2014). Unter dem Titel »Social Physics« hat er interessante Ergebnisse zur Wirksamkeit von Führungshandeln vorgelegt, die auf der Nachzeichnung von Kommunikationsbeziehungen in Echtzeit beruhen: Führungskräfte wurden mit elektronischen Beepern ausgestattet und mussten sie jedes Mal bedienen, wenn sie mit einer Person sprachen. Auf diese Weise konnten die Häufigkeit und die Struktur der Interaktionen der beteiligten Personen erhoben werden. Abbildung 21 zeigt das Ergebnis:

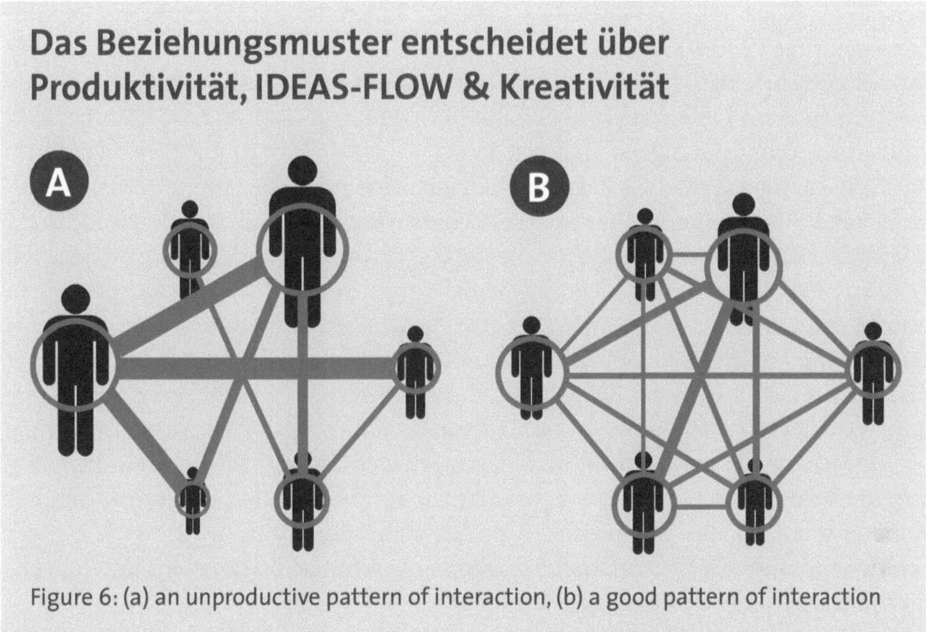

Abb. 21: Beziehungsmuster im Führungshandeln (Pentland A. (2014): Social Physics. New York: The Penguin Press, S. 89)

Abbildung A zeigt, dass die Führungsperson (größte Figur) vorwiegend mit ihrem Stellvertreter kommuniziert, während die anderen Personen sehr viel weniger einbezogen sind. In Abbildung B dagegen ist die Führungskraft zwar leicht herausgehoben, doch der Kommunikationsfluss ist ziemlich ausgeglichen. Gute Organisationen, die über ein ausgezeichnetes Betriebsklima verfügen und sehr gute Leistungen erbringen, verfügen über einen solchen ausgeglichenen Kommunikationsfluss.

Man kann diese mitarbeiter- und teamorientierte Kommunikationsstruktur sowohl als Vorbild für die Beziehungen der Schulleitung zum Kollegium ansehen wie auch für die Beziehungen der Lehrer/innen zu ihren Schüler/innen: Das jeweils gewählte Beziehungsmuster, also die Frage, inwieweit alle wertschätzend einbezogen sind, entscheidet über die Produktivität, den Ideas-Flow und die Kreativität.

Die Verständigung über die eigene Geschichte

Jede Schule und jedes Kollegium ist einzigartig. Sie verfügen über eine spezifische Geschichte, ein besonderes Einzugsfeld mit besonderen Schüler/innen und Lehrkräften. Der an die industrielle Massenproduktion und das Konzept der Standardisierung anknüpfende Geist zerstört diese Unterschiede, deren Beachtung doch erst wahre Bildung ermöglicht.

Oft prägt die spezifische Geschichte, die auch ihren Ausdruck im Namen der Schule findet, über Jahrzehnte die Kultur, die an der Schule herrscht. So zieht, um ein

Beispiel zu geben, eine Gesamtschule, die den Namen des sozialdemokratischen Bildungsreformers Fritz-Karsen aus der Weimarer Zeit trägt, bis heute besonders reformorientierte Lehrer/innen an und der Name übt einen Einfluss auf Erziehungsvorstellungen und die Unterrichtskultur aus. Eine »John-Lennon-Gesamtschule« wird andere Orientierungen nahelegen als ein »Goethe-Gymnasium«. Hier zeigt sich: Durch die gezielte Aufarbeitung der Schulgeschichte und eine pointierte Namensgebung kann man großen Einfluss auf die Schulentwicklung nehmen, deren Richtung gewissermaßen codieren. Deshalb ist es wichtig zu prüfen, ob der Name der eigenen Schule zur Vision passt und ob gegebenenfalls eine Namensänderung vorgenommen werden sollte. Wenn Schulen sich auf einen zweitägigen Entwicklungsworkshop einlassen, dann schalten wir der Zukunftswerkstatt unter der Frage »Wo kommen wir her?« eine Phase vor, in der die eigene Geschichte reflektiert wird. Hierzu dient eine etwa sechs Meter lange Zeitleiste, auf der Höhen- und Tiefpunkte in der Entwicklung der eigenen Schule bzw. Institution eingetragen werden, um nicht nur ein Bewusstsein für die prägenden Einflüsse zu bekommen, sondern auch, um zu erkennen, dass Zukunft gestaltbar ist. Wie nämlich der Zeitstrahl und damit die Entwicklung der Schule weitergehen wird, entscheidet neben anderem das Engagement der Teilnehmer/innen der Entwicklungswerkstatt.

Abbildung 22 stammt von einer Zukunftskonferenz zur Zukunft der Frankfurter Berufsschulen, an der neben den Schulleitungen und Vertretern der Verwaltung sowie der Stadträtin auch Schüler- und Elternvertreter teilnahmen. Im ersten Schritt haben wir gemeinsam die Geschichte Frankfurter Berufsschulen analysiert unter der Frage: *Wo kommen wir her?*

Abb. 22: Workshop-Arbeit am Zeitstrahl, Zukunftswerkstatt Frankfurter Berufsschulen

Das nachfolgende Beispiel (Abb. 23) zeigt eine andere Variante: Hier haben Führungskräfte eines Dax-Konzerns die Geschichte ihres Unternehmens mithilfe des Zeitstrahls aufgearbeitet, wobei die grünen Karten für Ereignisse im persönlichen Leben, die blauen für Höhe- und Tiefpunkte in der eigenen Organisation und die gelben für gesellschaftliche Einflussfaktoren stehen. Entscheidend ist auch hier, dass die Beteiligten selbst ihr Wissen austauschen und erkennen, in welchem Entwicklungsstrang sie sich bewegen und was ihr eigener Gestaltungsspielraum ist.

Abb. 23: Workshop-Arbeit Zeitstrahl, Dax-Konzern

Abschied vom linearen Denken

Wie kommt man nun – im Anschluss an die Aufarbeitung der eigenen Geschichte und die Wertschätzende Diagnose – zu einer gemeinsamen Vision?

Schulen, die sich auf den Weg machen, brauchen eine attraktive Vision, ein klar konturiertes Bild der erträumten Zukunft ihrer Institution, die gemeinsam entwickelt und von allen weitgehend geteilt werden muss. Dafür gibt es eine Reihe unterschiedlicher Verfahren, wobei ich das Vorgehen der von Robert Jungk entwickelten Zukunftswerkstatt präferiere.

Ich selbst habe diesen Begründer der Zukunftsforschung und engagierten Streiter für den Einbezug der »Weisheit der Vielen« persönlich kennengelernt und im Jahr 1992 befragen können. Für Leser/innen, die sich für den historischen Hintergrund der Entwicklung der Zukunftswerkstatt interessieren, ist dieses ausführliche Interview als Video im Netz verfügbar (https://www.youtube.com/watch?v=e8oGr2AuQ5U).

Jungk ist ein Vorläufer der Theorie der »Weisheit der Vielen«, die James Surowiecki (2005) dargestellt hat und dabei belegt, dass unter bestimmten Umständen Gruppen klüger sein können als Einzelne. Jungk ging es darum, das verborgene und unterschätzte Erfahrungswissen der Vielen freizusetzen und in Handlungsoptionen zu übersetzen. Mit dem Dreischritt Kritik – Vision – Umsetzung der Zukunftswerkstatt schuf er ein bis heute ungemein wirksames Zukunftsgestaltungsinstrument, das in unseren Schulentwicklungswerkstätten Anwendung findet – allerdings mit einer entscheidenden Modifikation, die wir oben kennengelernt haben: Die Kritikphase ist durch die Wertschätzungsphase ersetzt. Hieran schließt sich ganz im jungkschen Sinne die Visionenphase an, die auf dem bereits oben erwähnten Perspektivenwechsel beruht.

Abbildung 7 (»Zukunftsbilder – Treiber des Wandels«, S. 57) illustriert, worauf die Wirksamkeit der Zukunftswerkstatt beruht: dem Perspektivenwechsel vom linearen zum transformativen Denken. So begeben wir uns in der Visionenphase in einen offenen Möglichkeitsraum, machen uns frei von den Zwängen der Gegenwart, um das Neue, das wir uns wünschen, gemeinsam zu erspüren: *Wie sieht unsere Schule im Jahr 2030 aus, wenn wir Lehren und Lernen so organisieren können, wie es unseren Bedürfnissen und Wünschen entspricht?*

Raus aus der Mehr-desselben-Falle

Dieser Perspektivenwechsel, in dem es nicht lediglich um »besser«, sondern auch um »anders« und »neu« geht, fällt den meisten von uns schwer, sind wir doch wie unsere gesamte Gesellschaft noch immer dem Muster linearen Denkens und Handelns verpflichtet, indem Entwicklungen aus der Vergangenheit über die Gegenwart lediglich in die Zukunft verlängert werden. Zur Illustration verwende ich oft folgendes Beispiel: Wir haben eine einspurige Straße, die jeden Nachmittag zur Rushhour überlastet ist. Also erweitern wir sie um eine zweite Spur. Doch nach wenigen Jahren ist auch diese Straße überlastet, weil Straßen Verkehr anziehen. In meinem letzten Urlaub stand ich in Los Angeles inmitten von sechzehn Spuren im Stau. Lösungen, die linearem Denken verhaftet sind, münden in die *Mehr-desselben-Falle.* Indem wir einen Großteil unserer Ressourcen in Lösungen investieren, die auf Modellen von gestern beruhen, verfehlen wir die Zukunft.

Genau diese Fehlentwicklung können wir beim Neubau von Schulen sehen, die immer noch zu oft nach überholten Modellen des preußischen Gymnasiums oder industriellen Fließbandlogik gebaut werden: An langen Behördenfluren aufgereihte, isolierte, meist rechteckige Klassenräume mit spartanischer Möblierung. Solche unbedacht geplanten Gebäude ebenso wie die Fortführung überholter Rituale des Unterrichtens bzw. der Organisation von Schule (Jahrgangsklassen, 45-Minuten-Prinzip, Benotungs- und Selektionspraxis etc.) werden die Pädagogik der nächsten hundert Jahre prägen, wenn wir nicht den radikalen Perspektivenwechsel wagen. Wie Bruce Mau (2010) in seiner Untersuchung »The Third Teacher« anschaulich gezeigt hat, beeinflusst die Gestaltung des Raumes, was in ihm passiert. Längst gibt es Pioniere, wie Karin Doberer, die das Klassenzimmer bzw. die Lernlandschaft der Zukunft entwickeln und Schulen bei der Umsetzung beraten (http://lern-landschaft.de/). Doch wie soll die Schule der Zukunft aussehen?

Disruption: Schule besser, anders, neu oder offen?

Es ist längst überfällig, dass wir darüber nachdenken, wie zeitgemäße lehr-lernförderliche Räume bzw. Arrangements aussehen, denn im Digital New Age benötigen wir neue Modelle und in manchen Bereichen sogar einen disruptiven Wandel. Innovative und visionäre Schulleitungen, die wahres Leadership leben, haben hier die Möglichkeit, sich vom Bild der *Schulverwalter* zu lösen, um zu inspirierenden *Zukunftsgestaltern* zu werden, indem sie einen längst überfälligen Kulturwandel anstoßen. Inspirierenden Schulleitungen geht es weniger um »Verbesserung« eines überholten Modells, sondern immer häufiger um die Neuerfindung von Schule und damit um »anders«, »neu« oder gar »offen«, wie Abbildung 24 illustriert, die wir (Burow, Gottschalk & Freiboth 2016) für die Begleitung von Change-Prozessen entwickelt haben:

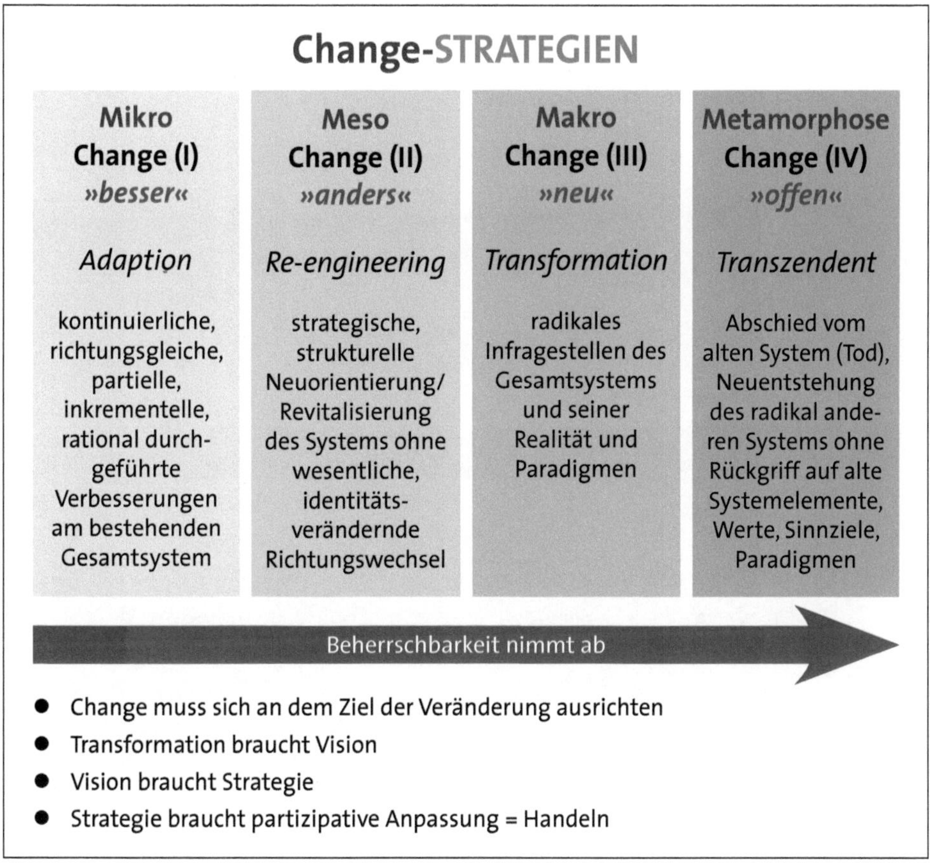

Abb. 24: Change-Strategien (Burow/Freiboth/Gottschalk 2014)

Wenn Sie diese Stufen des Wandels in der Produktion von Gütern betrachtet haben, dann überlegen Sie bitte, auf welcher Stufe Sie in Ihrer Schule bzw. Institution stehen und welche Sie für Ihren Bereich als notwendig und möglich erachten. Manche Leser/innen werden sich jetzt vielleicht überfordert fühlen und die Frage stellen, ob es wirklich notwendig und auch möglich ist, dass Schulen sich grundlegend wandeln. Ein »Blick über den Zaun« kann hier helfen.

So arbeiten in allen Staaten der Welt Regierungen daran, ihre Bildungssysteme zu verbessern. Die meisten dieser Versuche, wie zum Beispiel das amerikanische Programm »No Child Left Behind« scheitern allerdings – wie Ken Robinson (2015) detailliert belegt – ebenso wie die Versuche in Deutschland, die Chancengleichheit zu erhöhen – und dies trotz großer Reformanstrengungen und dem Einsatz beachtlicher Finanzmittel. Woran liegt dieses Scheitern?

Für den britischen Visionär Robinson ist die Antwort klar: Die Reformer verkennen, dass ein System, das in seinen Grundzügen für eine andere Gesellschaft, nämlich die des Industrialismus und der Massenproduktion, also für »Pädagogik 2.0« konzipiert wurde, nur begrenzt verbessert werden kann. Ein Vergleich mit dem Wandel in der Industrie kann deutlich machen, was ich meine. Betrachten Sie bitte Abbildung 25 und vergleichen Sie die Entwicklung von Tonträgern mit dem Wandel des Klassenzimmers bzw. des Unterrichts. Was fällt Ihnen auf?

Abb. 25: Wohin entwickeln sich Lehren und Lernen – Schule und Unterricht? (Bildquellen: © Wikimedia Commons, iStock, akg-images)

Wie ist dieses Schaubild zu lesen? Hier meine Interpretation. Mit der Erfindung der Schellackplatte vor über 100 Jahren entstand die Musikindustrie, die sich schrittweise entwickelte: Während die Schellackplatte es ermöglichte, 4 Minuten Musik zu speichern, leistete die Vinylplatte ab 1948 eine Verelffachung, also ca. 45 Minuten. Es sollte nochmal 30 Jahre dauern, bis mit der Compact Disk eine sensationelle Erweiterung der Speicherkapazität erreicht wurde, von der die verschiedenen Bereiche der expandierenden Musikindustrie profitierten. Doch im Jahr 2001 wurde diese Entwicklung abrupt beendet: Apples iTunes ermöglichte nicht nur eine tendenziell unbegrenzte Speicherkapazität, sondern zerstörte damit nebenbei die Grundlagen der traditionellen Tonträgerindustrie.

Steve Jobs führte damit vor, worum es beim Neudenken geht: Wir müssen den Übergang vom linearen zum transformativen Denken wagen, denn im Zeitalter von Digitalisierung und Globalisierung werden immer mehr Bereiche von Disruption erfasst.

Wie der Begründer der Theorie der Disruption C. Christensen (2013) ausführt, stehen Produkte, aber auch Organisationen, die sich auf eine Politik schrittweiser Verbesserung beschränken, in der Gefahr, durch das Neue, das sie übersehen, abgeschafft zu werden. Anders als die meisten von uns vermuten werden, schafft Disruption viele neue Beschäftigungsmöglichkeiten bzw. Arbeitsplätze, denn mit dem radikalen Wandel werden zwar bestehende Strukturen zerstört, doch es entstehen zugleich auch völlig neue Möglichkeiten. Was hat das alles mit der Zukunft von Schule zu tun?

Wenn wir die Entwicklung des Klassenraumes und des in ihm stattfindenden Unterrichts betrachten, dann fällt auf, dass es seit dem Mittelalter keine wesentliche Veränderung des traditionellen Arrangements gegeben hat. Der Klassenraum ist, von einigen kosmetischen Veränderungen abgesehen, weitgehend gleichgeblieben – das Inventar in Teilen sogar noch nüchterner, gesichtsloser und anregungsärmer geworden. Wenn man bedenkt, dass Schüler/innen in Räumen des oben abgebildeten Typs bis zu 10 000 Stunden verbringen müssen, wen wundert es dann, dass viele diese Form der sensorischen Deprivation nicht aushalten und sich in attraktiver gestaltete virtuelle Welten flüchten.

Lehrer/innen fällt es häufig gar nicht mehr auf, in welcher reduzierten Umgebung sie unterrichten. Im Rahmen von Fortbildungen fordere ich deshalb bisweilen Kolleg/innen auf, sich zu erheben und durch den Klassenraum zu gehen, ihn aufmerksam zu betrachten und mir mitzuteilen, welche Empfindungen er auslöst. Anschließend frage ich, wer sich freiwillig acht Stunden in diesen Raum setzen möchte, um eine kreative Aufgabe zu lösen, und dabei einen Wecker stellen würde, der alle 45 Minuten klingelt, um fünf Minuten Zeit für eine Pause zu lassen. Niemand täte dies freiwillig.

Dieses Beispiel zeigt, dass wir längst darüber nachdenken müssen, wie wir Lernen und Unterrichten zeitgemäßer und produktiver gestalten können. Ja, im Digital Age haben wir völlig neue Möglichkeiten, Lehren und Lernen individueller, freudvoller und effektiver zu gestalten. Oft hängen wir zu sehr an alten Bildern von Unterricht und Schule. Wenn Sie sich und ihrem Kollegium einen schnellen Blick auf innovative Gestaltungsmöglichkeiten eröffnen möchten, dann sollten Sie sich einige der Filme anschauen, die Sie beim »Deutschen Schulportal« oder auf der Seite der »Alemannenschule Wutöschingen« finden.

Schulen sind bislang von Disruption verschont und meinen noch zu oft, so weitermachen zu können wie bisher oder arbeiten lediglich daran – wie viele Vertreter der empirischen Bildungsforschung -, das bestehende System zu verbessern. Wie lautete doch Steve Jobs Botschaft: »The next big thing is education.« Und dies ist nicht nur eine kühne Behauptung, denn längst arbeiten überall auf der Welt Entwickler an optimierter, zum Teil aber auch völlig neuer Hard- und Software, die schon in vergleichsweise kurzer Zeit das Bildungswesen nicht nur »besser« machen, sondern in Teilbereichen anders bzw. neu gestalten oder sogar revolutionieren werden. Schulen, die sich den neuen Herausforderungen nicht stellen, könnten in nicht allzu langer Zeit von Abwicklung bedroht sein.

Ich übertreibe? Gewiss: Das Bildungssystem ist ein träger Tanker und der Bremsweg enorm. Doch unter www.mobileslernen.de können Sie mal schnuppern, was heute schon möglich ist. Frank Thissen, Professor für Neue Medien, hat hier Studien und Unterrichtsbeispiele zusammengestellt, die zeigen, welche bislang ungenutzten Chancen sich abzeichnen. Dabei stehen wir erst am allerersten Beginn einer Entwicklung, die unsere Bildungseinrichtungen und unsere Vorstellung von Lernen und Lehren revolutionieren wird. Wie komme ich zu dieser kühnen These?

Der durch die Digitalisierung angestoßene Wandel wird von zwei Seiten vorangetrieben: Zum einen durch die User, also Schüler und Studierende, die immer häufiger in die virtuelle Welt mobilen Lernens abwandern, wogegen fantasielose Pädagogen mit hilflosen Verboten anzugehen suchen. Zum anderen durch Entwickler, die begeistert von den neuen Möglichkeiten, aber auch getrieben von der Erwartung sagenhafter Profite, ihre geballte Kreativität ins Rennen werfen. Digitale Bildung bietet nicht nur Chancen für eine Befreiung von Lernen und Lehren, die jetzt zeit- und ortsunabhängig, oft auch so gut wie kostenfrei möglich sind. Zugleich handelt es sich um das Geschäftsfeld der Zukunft, an dessen Entwicklung mächtige Konzerne arbeiten.

Einstweilen verschlafen weite Teile der Bildungsbürokratie diesen Trend. Umso engagierter arbeiten kommerzielle Firmen daran, eine schöne neue Bildungswelt entstehen zu lassen. Meine These: Wenn Schulen sich nicht diesem Trend zur fremdbestimmten Innovierung und Kommerzialisierung ausliefern wollen, müssen sie selbst eigene Visionen entwickeln und umsetzen. Verbessern und »Mehr-Desselben« reichen nicht mehr. Jetzt geht es mindestens um »anders«, bisweilen sogar »neu« oder gar »offen«. Die wichtigste Aufgabe von Schulleitungen besteht aus dieser Perspektive darin, einen umfassenden *Prozess der Kulturveränderung* anzustoßen. Lehrer/innen dürfen sich nicht länger als *Bildungsverwalter* oder Umsetzer von Vorgaben verstehen, sondern müssen immer öfter zu proaktiven *Zukunftsgestaltern* werden. Sicher werden Sie sich jetzt fragen, wie dies gelingen kann.

Ein Instrument, mit dem es mir in den letzten Jahren in einer Vielzahl von Kollegien möglich war, soziale Fantasie für den Umbau ihrer Schulen freizusetzen, ist die Zukunfts- bzw. Fantasiereise, die gleichzeitig einen Kern des Leadership-Kompasses und der Zukunftswerkstatt ausmacht. Wie funktioniert sie?

Die Zukunfts- bzw. Fantasiereise

Mit der Wertschätzenden Diagnose haben wir nicht nur eine Vielzahl von erfolgreichen Lehr-Lernsituationen kennengelernt, sondern auch erfahrungsbezogen Gelingensbedingungen reflektiert. Innerhalb von nur zehn Minuten entsteht so eine Ausstellung von bis zu 150 Erfolgsgeschichten, die in einer ca. 90-minütigen Phase ausgetauscht werden und das geballte Erfahrungswissen des Kollegiums verdichten. Diese Phase macht nicht nur eindrücklich sichtbar, dass vieles von dem, was wir uns wünschen – wenn auch in Ausnahmesituationen – schon vorhanden ist, sondern erzeugt auch eine positive Aufbruchsstimmung, die dafür sorgt, dass sich die Beteiligten nun für eine Zukunfts- bzw. Fantasiereise öffnen, in der es darum geht, sich vom Bestehenden zu lösen und Vorstellungen für Lehren und Lernen, für Unterricht und Erziehung, für Organisations- und Beziehungsgestaltung in der von allen erwünschten Schule der Zukunft zu entwickeln.

Natürlich gibt es viele verschiedene Möglichkeiten, solch eine »Reise« anzuleiten. Wichtig ist hier zunächst eine wissenschaftlich fundierte Einführung, in der der Sinn des Verfahrens begründet wird, denn viele Kolleg/innen stehen dem Ansinnen, sich die Zukunft von Schule zu »erträumen« und sie dann auch noch in kreativen Bildern oder Aktionen zu gestalten, zunächst reserviert gegenüber. Ich verwende als eine Begründung für die Verwendung kreativer und imaginativer Verfahren die auf den Neurobiologen Ernst Pöppel (2006) zurückgehende Unterscheidung von drei Wissenstypen:

(1) *Begriffliches oder explizites Wissen:*
Nennen bzw. Sagen
(2) *Implizites oder Handlungswissen:*
Schaffen bzw. Tun
(3) *Bildliches oder Anschauungswissen – pictorial knowledge:*
Sehen bzw. Erkennen

Der größte Teil unseres schulischen und universitären Unterrichts beruht demnach auf der Vermittlung *expliziten Wissens*, das zwar sehr gut geeignet ist, komplexe Inhalte zu erfassen, aber den Nachteil hat, *ich-fern* zu sein, und damit nur eine geringe handlungssteuernde Wirkung aufweist. Um ein Beispiel zu geben: Wir alle wissen, dass wir uns gesünder ernähren und umweltfreundlicher verhalten sollten, doch dieses Wissen führt nur selten zu einer grundlegenden Verhaltensänderung.

Handlungswissen dagegen, etwa wenn wir eine komplexe Fähigkeit wie Autofahren erworben haben, bleibt uns lebenslang erhalten. Was wir im doppelten Sinne des Wortes »begriffen« haben, erweitert unsere Handlungsoptionen.

Unser Verhalten wird darüber hinaus in hohem Maß von »*inneren Bildern*« gesteuert (Hüther 2004). In Bildern sind unsere Erfahrungen gewissermaßen verdichtet. Ernst Pöppel (2006) bezeichnet diesen handlungssteuernden Wissenstyp als »*pictorial knowledge*«, in dem emotional berührende Erfahrungen gespeichert sind, die unser Handeln leiten, ohne, dass uns dies bewusst ist.

Ich selbst spreche von »*persönlichen Paradigmen*«, das heißt einem durch eigene Erfahrungen geprägten Wahrnehmungsfilter, der darüber bestimmt, was wir sehen. In einer aufwändigen Längsschnittstudie (Burow 1993) habe ich in Fallstudien nachgezeichnet, welche Paradigmen bzw. Leitsätze die Wahrnehmung und damit auch das Handeln von Lehrer/innen prägen. Wenn wir Verhalten ändern oder zu neuen Vorstellungen vordringen wollen, dann müssen wir demnach stärker mit diesen Bildern bzw. Leitsätzen arbeiten bzw. neue entwickeln. Bilder vermitteln Orientierungswissen und sind dem schnellen Denken (Kahnemann) zugänglich.

Um ein Beispiel zu geben: Viele Schulen haben ja *Leitbilder,* aber leider meist nur in textlicher Form, weswegen sie von den wenigsten differenziert wiedergegeben werden können und nur selten die Wirkung haben, die wir uns von ihnen erhoffen. In der Visionenphase geht es deshalb auch darum, attraktive, handlungsmotivierende, orientierende und ausdrucksstarke Bilder zu entwickeln, in denen die Grundwerte, an denen wir unser Handeln orientieren wollen, verdichtet sind. Am Beispiel eines kommunalisierten Stromkonzerns, der sich stärker auf Bürgerorientierung und Ökologie ausrichten wollte, werden wir weiter unten sehen, wie die gelungene Visualisierung eines Leitbilds aussieht (Abb. 26–27). Im Rahmen einer Zukunftswerkstatt mit den Führungskräften wurden Zukunftstrends unter der Frage analysiert: »Auf welche Entwicklungen müssen wir uns im Energiemarkt in den nächsten zehn Jahren einstellen?«

An die Klärung dieser Frage schloss sich eine Zukunftsreise an, in der die Führungskräfte zunächst eigene Vorstellungen für eine optimale Aufstellung des Unternehmens bezogen auf die herausgearbeiteten Zukunftstrends im Jahr 2025 entwickeln sollten. Ich leitete die Reise mit einer Entspannungsübung ein und bat die Teilnehmer, die Augen zu schließen und sich einen Tag im Jahr 2025 vorzustellen, an dem vieles so sei, wie sie es sich wünschen: »Angestoßen durch eine Zukunftswerksatt hat die Organisation eine gemeinsame Vision entwickelt und umgesetzt. Ihr Unternehmen gilt jetzt als eines der erfolgreichsten Umsetzer der Energiewende und hat zukunftssichere, ökologische und bürgernahe Energielösungen entwickelt. Wir schauen uns jetzt einen Tag im Jahr 2025 an, in dem unsere Wünsche Wirklichkeit geworden sind. Was hat sich verändert? Vergessen Sie nicht: Es ist alles so, wie Sie es sich wünschen.« Der Text solcher Zukunftsreisen variiert je nach Anforderung und muss auf das jeweilige Entwicklungsziel zugeschnitten werden.

Die Anleitung einer Zukunftsreise

Als hilfreich hat es sich im Schulbereich erwiesen, einen typischen Arbeitstag mit Worten zu begleiten. Die Reise dauert mit meinen Stichworten etwa 8 bis 10 Minuten. Nachfolgend gebe ich ein Beispiel für das Grundgerüst einer Zukunftsreise, das ich in themen- und zielgruppenbezogenen Variationen an einer Vielzahl von Schulen durchgeführt habe. Die Teilnehmer, also Lehrer/innen, oft auch Eltern- und Schülervertreter sowie andere an Schule beteiligte Personen, sitzen im Kreis. Im Anschluss an eine Einführung in Sinn und Charakter der Zukunftsreise bitte ich die Beteiligten, die Augen zu schließen, um – nach einer kurzen Entspannungsübung – sich einen Tag im Jahr 2025 vorzustellen, an dem die Schule so gestaltet ist, wie sie es sich wünschen bzw. für optimal halten. Man kann dazu meditative Musik laufen lassen – doch davon bin ich abgekommen, ruft sie doch bei manchen Personen, die sich dadurch manipuliert fühlen, eher Widerstände hervor.

Wichtig sind auch die kognitive Einstimmung und die Klärung der Rahmenbedingungen. So ermutige ich die Teilnehmer/innen zu visionärem Denken und fordere sie auf, »Killerphrasen« zu vermeiden, also Äußerungen wie: »So etwas haben wir ja noch nie gemacht! Was soll das kosten? Wie lange sind Sie schon bei uns?« Wichtig ist auch, klarzumachen, dass es in der Visionenphase noch nicht um die Realisierung der Ideen geht, weil das die Fantasie einschränken würde und im Übrigen für die Umsetzung ja die anschließende Realisierungsphase zur Verfügung steht. Nach dieser Klärung begleite ich die Teilnehmer/innen mit Stichworten folgender Art auf ihre Reise – eine Reise, auf die Sie sich, liebe Leserinnen und Leser, jetzt selbst begeben können, wenn Sie meinen Anweisungen folgen:

Ein Tag an unserer Schule im Jahr 2025

»Setzen Sie sich jetzt bitte entspannt hin und schließen Sie die Augen. Stellen Sie sich – zunächst vor Ihrem inneren Auge – vor: Wie sieht der optimale Schultag im Jahr 2025 aus? Wie und wann beginnen Sie den Tag? Sie freuen sich auf diesen Schultag, denn Sie haben zusammen mit Ihren Kolleg/innen eine Schule gestaltet, in der vieles so ist, wie Sie es sich wünschen, und in der Sie und Ihre Schüler/innen sich wohlfühlen und ausgezeichnete Leistungen erzielen. Sie begeben sich jetzt auf den Schulweg. Wie kommen Sie 2025 zu Ihrer Schule? Es ist alles so, wie Sie es sich wünschen! Wie sieht die Schule von außen aus? Was hat sich verändert? Ist es noch das klassische Schulgebäude oder ist hier etwas Neues geschaffen worden? Sie betreten jetzt das Gebäude. Wie ist es gestaltet? Welche Farben, welche Atmosphäre empfangen Sie? Was hat sich verändert? Wem begegnen Sie? Sind es nur Lehrkräfte, die an Ihrer Schule unterrichten, oder gibt es noch andere Personen? Welche?

Sie betreten jetzt den Ort, der früher einmal Lehrerzimmer hieß. Was hat sich verändert? Er ist so gestaltet, dass man den Tag entspannt beginnen und sich mit den Kolleg/innen austauschen kann? Wie und wann beginnt der Morgen an Ihrer Schule im Jahr 2025?

Jetzt gehen Sie zu Ihrer Lerngruppe. Wie sieht der Unterricht aus? Gibt es noch die 45-Minuten-Stunde, oder gibt es neue rhythmisierte Zeitstrukturen? Wie ist der Raum gestaltet? Gibt es noch Klassenräume, oder gibt es neue Lehr-Lernumgebungen? Wie sind sie gestaltet? Findet der Unterricht vor Ort statt oder werden digitale Medien mit wechselnden Lernorten eingesetzt? Es ist alles so, wie Sie es sich wünschen.

Arbeiten Sie allein oder im Team? Gibt es noch Jahrgangsklassen oder neue Lehr-Lernarrangements? Wenn ja, welche? Wie sind die Gruppen zusammengesetzt? Gibt es altersgemischte Gruppen, Patenschaften, Tutorensysteme etc.? Gibt es noch die klassischen Unterrichtsfächer, oder haben Sie zusammen mit Ihren Kolleg/innen neue Formen fächerübergreifenden projektorientierten Lernens und Lehrens entwickelt? Wenn Sie jetzt den gesamten Vormittag betrachten: Wie sieht ein Unterrichtsvormittag 2025 aus? Wie sind die Pausen in den Vormittag integriert? Wie ist für einen gesundheitsförderlichen Wechsel von Anspannung und Entspannung sowie für wirklich entlastende Pausen gesorgt? Wie sieht es mit der Bewertung aus? Gibt es noch Ziffernoten oder sind andere Formen wie Lernberichte, Diagnosen, Portfolios etc. entwickelt worden?

Und jetzt geht dieser Vormittag zu Ende. Sie sind entspannt und freuen sich auf die Mittagspause? Wie sieht eine entspannungsförderliche Mittagspause aus? Wo findet sie statt? Welche Angebote für Entspannung und Bewegung gibt es?

Jetzt beginnt der Nachmittag. Wie ist er gestaltet? Findet hier Unterricht statt oder gibt es neue Angebote, zum Beispiel auch Lernen an außerschulischen Lernorten? Gibt es eine Zusammenarbeit mit Kooperationspartnern? Was ist Ihre Rolle im Ganztag?

Heute haben Sie zum Abschluss noch eine Konferenz. Anders als viele Konferenzen von früher sind 2025 Konferenzen so gestaltet, dass man gerne hingeht und das Gefühl hat, an einem produktiven Miteinander teilzuhaben. Wie und durch welche Maßnahmen ist es gelungen, die Qualität der Konferenzen zu verbessern?

Jetzt geht dieser Tag im Jahr 2025, in dem vieles so ist, wie Sie es sich wünschen, zu Ende. Aber heute ist ein besonderer Tag: Zehn Jahre, nachdem Sie eine Zukunftswerkstatt durchgeführt haben, sind viele Ihrer Wünsche umgesetzt. Ihre Schule hat den Deutschen Schulpreis gewonnen und sie gilt als eine der besten Schulen Deutschlands. Jetzt erklären Sie den anwesenden Pressevertretern, durch welche Maßnahmen es gelungen ist, Ihre Schule an die Spitze zu bringen. Was war Ihr persönlicher Anteil?

Ja, jetzt geht dieser Tag im Jahr 2025, in dem vieles so ist, wie Sie es sich wünschen, zu Ende. Sie verlassen das Gebäude und blicken noch einmal zurück. Sie sind stolz, denn das ist Ihr Arbeitsplatz, den Sie zusammen mit Ihren Kolleg/innen gestaltet haben und an dem Sie Schüler/innen helfen, ihr Potenzial zu entfalten.

Versuchen Sie jetzt, vor Ihrem inneren Auge ein Symbol zu finden, das den Kern Ihrer Vision ausdrückt. Ein Symbol muss nichts Bedeutendes sein. Einfach ein Zeichen, das ausdrückt, in welche Richtung Ihre Schule sich entwickeln sollte. Wenn Sie so weit sind, dann kehren Sie mit Ihrer Aufmerksamkeit in den Raum zurück, öffnen Sie die Augen und seien Sie ganz da.«

Der Arbeitsauftrag

Im Anschluss erhalten die Teilnehmer/innen folgenden Arbeitsauftrag:

»Skizzieren Sie auf einem in der Mitte gefalteten DIN-A4-Blatt Ihr Symbol, das den Kern Ihrer Vision ausdrückt. Schreiben Sie darunter ein Wort oder einen Slogan und notieren Sie dann in wenigen Spiegelstrichen die wichtigsten Elemente Ihrer Vision.

Wenn Sie fertig sind, kommen Sie auf den ›Marktplatz‹ und betrachten Sie zunächst die Visionen Ihrer Kolleg/innen. Nach einiger Zeit bilden Sie bitte Gruppen, die folgende Aufgabe haben:

Tauschen Sie sich über Ihre Visionen aus und entwickeln Sie dann aus den Einzelbeiträgen eine gemeinsame Vision, die Sie im Anschluss im Plenum vortragen. Dabei kann es sich um ein Modell, ein Poster, einen Sketch aus der Zukunft, eine Aktion und vieles mehr handeln. Alles, was uns sinnlich erfahrbar werden lässt, wie die Schule 2025 aussieht, ist geeignet.«

Das Leitbild

Ähnlich bin ich im Fall des oben beschriebenen Workshops mit Führungskräften eines Stromkonzerns vorgegangen. Innerhalb kurzer Zeit entstanden ausdrucksstarke individuelle Visionen, die in Kleingruppen ausgetauscht und zusammengefasst wurden. Die Präsentation der Gruppenvisionen im Plenum bildete dann die Grundlage für die Herausarbeitung des »gemeinsamen Grundes«, also der verbindenden Kernelemente der Einzelvisionen. In diesem Fall hatten wir einen professionellen Visualisierer, auch Scribbler genannt, an Bord, der aus den Einzelvisionen und der Gruppendiskussion vor Ort nachfolgendes Zukunftsbild zeichnete (Abb. 26). Die Teilnehmer/innen konnten also erleben, wie aus ihren Einzelbeiträgen die neue Zukunftsvision entstand, und sie konnten im Prozess Korrekturen und Ergänzungen einbringen, sodass das »Leitbild« wirklich von allen getragen wurde. Wirksame Leitbilder, das zeigen meine Erfahrungen, müssen in eine prägnante Bildsprache übersetzt werden. Betrachten Sie die entstandene Abbildung:

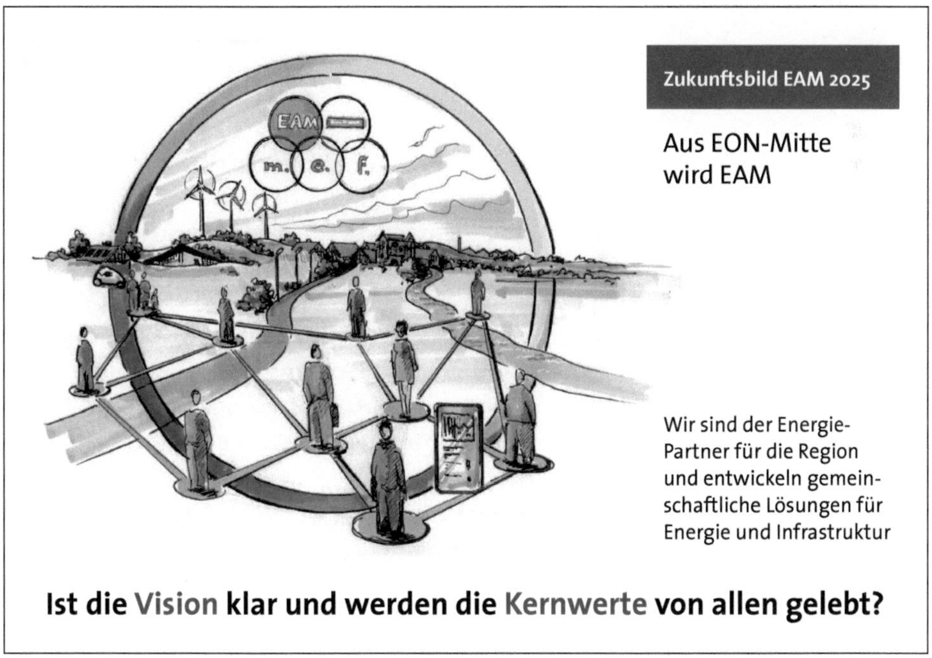

Abb. 26: Beispiel Zukunftsleitbild, Stromkonzern (Burow & Enders – Global Mind Network Kassel)

Dieses Bild, das alle Mitarbeiter/innen erhielten, macht auf einen Blick klar, wohin die Reise gehen soll: Als ökologisch orientierter Energie-Partner der Region stehen der Bau von Windrädern, Solardächern, Elektrotankstellen sowie intelligente Netze und kundenorientierte Energiedienstleistungen im Zentrum. Der Change Code, bestehend aus den drei Kernwerten »modern – einfach – fair«, gibt die übergreifende Orientierung und konkrete Handlungsanleitungen, wie diese Vision umgesetzt werden kann.

Auch Schulen brauchen solche Bilder, die das jeweilige Profil und die Entwicklungsziele der Schule in einem attraktiven Zukunftsbild verdichten. Dies ist eine durchaus neue Idee, bestehen doch die meisten Leitbilder von Schulen aus mehr oder minder nüchternen Texten.

Da an Schulen Kunstlehrer/innen unterrichten, sollte es möglich sein, auch ohne große Kosten ein solches Bild zu entwickeln. Wichtig ist, dass es von allen getragen wird und gemeinsam entwickelt wurde. Allerdings ist die Erstellung dieses Bildes nur der erste Schritt, denn die Formulierung und Gestaltung der Vision ist der Auftakt für einen langfristigen Umsetzungsprozess, in den alle Mitarbeiter/innen einbezogen werden müssen.

Ich habe bewusst ein Beispiel aus der Wirtschaft gewählt, das zeigen soll, dass die Entwicklung von Visionen und deren Verdichtung in Bildern wichtig sind für die Ausrichtung jeder Organisation: Die Zukunftsreise ist keine folgenlose Spielerei, sondern ein wichtiger Schritt, um gemeinsam getragene Wünsche herauszuarbeiten, auf deren Grundlage die neue Organisation gestaltet werden kann.

Der Change Code

Während der Leadership-Kompass mit seinen drei Kernkonzepten Salutogenese, Selbstbestimmung und Wertschätzung mit den dazugehörigen drei mal drei Prinzipien den Kern einer kohärenten Führungshaltung und wirksamen Führungshandelns umschreibt, basiert der Change Code zusätzlich auf drei Kernwerten, die den Rahmen für die Umsetzung der entwickelten Vision liefern. Das Verfahren des Change Codes geht neben anderem zurück auf Gerdum Enders, der eine Vielzahl von Organisationen bei der Klärung ihres Markenkerns als Grundlage einer wirksamen Change-Strategie beraten hat. In seinem Buch »Der Zukunftscode« (Enders & Hampel 2011) beschreibt er differenziert Möglichkeiten zu Klärung des Werte- bzw. Markenkerns und der Zielrichtung einer Organisation.

Wenn Schulen, Hochschulen, Firmen oder sonstige Organisationen einen Veränderungsprozess erfolgreich umsetzen wollen, dann müssen sie sich nicht nur zwei bis drei »big goals« setzen, sondern diese auch auf drei zentrale Leitwerte zuspitzen, die die Richtung des Wandels angeben. Im Anschluss an die Visionenphase arbeiten wir deshalb zunächst den »gemeinsamen Grund« heraus, also die gemeinsam geteilten Elemente der Einzel- und Gruppenvisionen. Diese wiederum werden dann auf drei

Kernwerte zugespitzt. Bei meinem Beispiel, dem kommunalisierten Stromkonzern, einigten sich die Führungskräfte auf die Werte »einfach – fair – modern«. Diese Werte wurden in einem weiteren Prozess in drei mal drei Nebenwerten ausdifferenziert, wie Abbildung 27 zeigt:

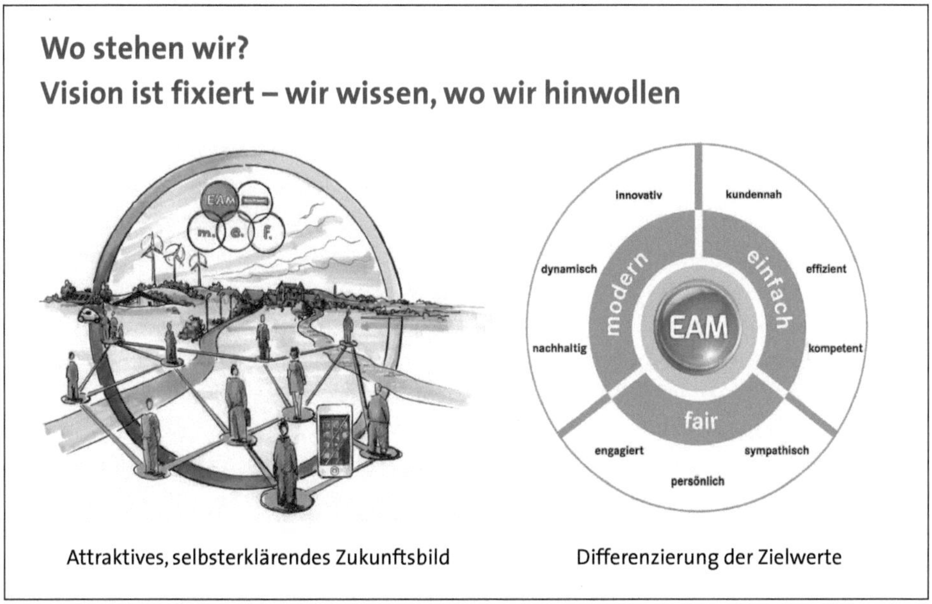

Abb. 27: Beispiel differenziertes Zukunftsleitbild, Stromkonzern (Burow & Enders – Global Mind Network Kassel)

Mit dem Zukunftsbild, dem Slogan, der die Mission der Organisation ausdrückt, und den Kernwerten ist die Richtung des Change-Prozesses klar definiert.

In meinem Beispiel geht es nun darum, nach Wegen zu suchen, wie alle Bereiche »einfach, fair und modern« werden. Dies beginnt beim Kundenkontakt über Bestellprozesse und reicht bis zur Gestaltung von Produkten und Arbeitsabläufen.

In einem Workshop mit der Pädagogischen Hochschule Linz, um ein Beispiel aus dem Bildungsbereich zu geben, wurde als Change Code »wertebasiert – professionsbildend – praxisstark« herausgearbeitet. Aufgabe ist es nun, dafür zu sorgen, dass zum Beispiel in allen Seminarangeboten, aber auch im Auftreten und im Erscheinungsbild, diese Werte gelebt und erkennbar werden.

Wenn Schulleitungen also ihre Schule auf einen neuen Kurs bringen wollen, dann benötigen sie einen klaren Change Code.

Der Umsetzungsplan

Beim schrittweisen Wandel unserer Schule bzw. Bildungseinrichtung müssen wir zwei Ebenen unterscheiden:

- die Umsetzung von Einzelmaßnahmen
- den langfristig angelegten Umbauprozess der Organisations- und Inhaltsstruktur sowie der Schulkultur

Wenn Schulleitungen damit beginnen, die drei mal drei Prinzipien des Leadership-Kompasses in ihrem Führungsverhalten zu leben, also für Verstehbarkeit, Bedeutsamkeit und Handhahabbarkeit sorgen sowie nach Wegen suchen, wie mehr Selbstbestimmung umgesetzt werden kann, und darüber hinaus regelmäßig einen wertschätzenden Austausch über Gelingensbedingungen organisieren, dann leiten sie damit einen spürbaren Wandel der Schulkultur ein, der zu einzelnen Veränderungen führt. Beispiele dafür sind die Bildung von Jahrgangs- oder Fachteams, die Veränderung der Zeitstruktur, die Neugestaltung des Schulhofes, das Experimentieren mit stärker selbstgesteuerten Formen des Unterrichts und vieles mehr.

Ein mögliches Problem dieser Form der schrittweisen Veränderung, die bislang von den meisten Schulen zur Umsetzung der Ergebnisse ihrer Zukunftswerkstatt gewählt wurde, besteht darin, dass zu vieles unverbunden angepackt wird und aufgrund der fehlenden Eingebundenheit in einen *Masterplan* in den Routinen des Alltags schnell wieder versandet.

In der klassischen Zukunftswerkstatt werden im Anschluss an die Visionenphase thematisch fokussierte Gruppen gebildet, die – nach ihren Interessen – einzelne Veränderungsprojekte angehen. Ausgehend von dem erträumten Ziel, also zum Beispiel einem Gesundheitskonzept, das von der Pausengestaltung über integrierte Bewegungsangebote bis zum Essensangebot reicht, werden Umsetzungsschritte definiert:

- Wie sieht der erwünschte Endzustand 2030 aus?
- Was passiert bis 2025?
- Welchen ersten Schritt unternehmen wir Montag nächste Woche?

Da die Umsetzung von Projekten nur erfolgreich ist, wenn sie auch ansprechend präsentiert werden und handhabbar sind, haben wir ein einfaches Projektposter entwickelt, das in DIN A0, also großformatig ausgedruckt wird. Im Ergebnis erhalten wir dann nach Wertschätzungs- und Visionenphase in der Umsetzungsphase eine Ausstellung der Umsetzungsideen, wie Abbildung 28 aus einem Berufskolleg zeigt:

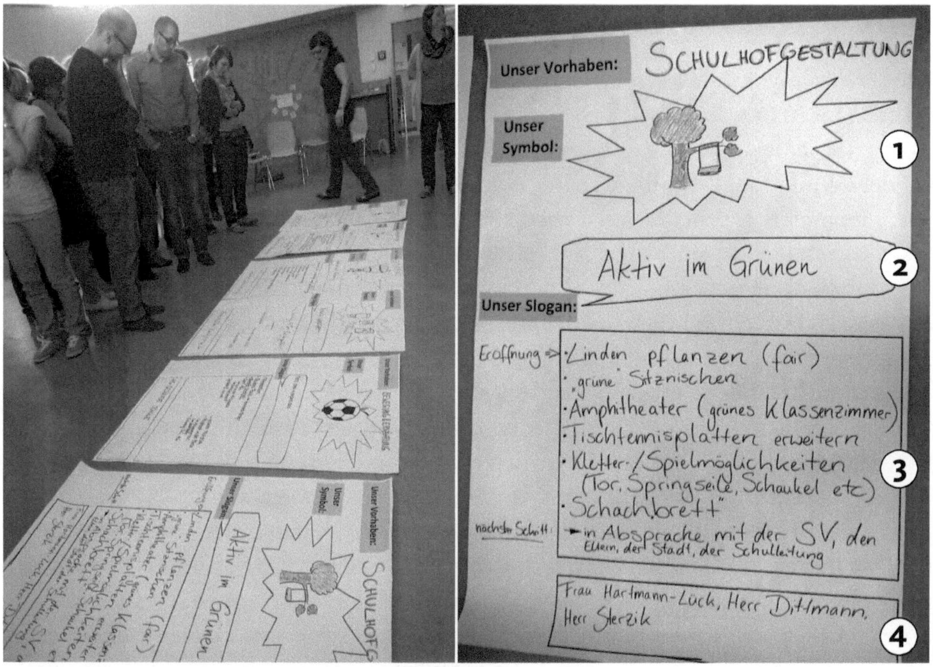

Abb. 28: Ausstellung Umsetzungsideen Zukunfstwerkstatt

Die Ergebnisposter bestehen aus vier Elementen:

Einem Symbol bzw. Bild (1), das auf den ersten Blick deutlich machen soll, worum es beim Umsetzungsprojekt geht, und dessen Aussage durch einen kurzen Slogan (2) erläutert wird. Darunter kommt ein Textfeld (3) in dem die Umsetzungsschritte, die »Meilensteine«, von der Zukunft her in die Gegenwart zurückgehend erläutert werden und in einem konkreten Schritt münden, der am Montag nächster Woche unternommen wird. Dieser letzte Punkt ist wichtig, macht er doch deutlich, dass möglichst bald mit der Umsetzung begonnen wird.

Entscheidend ist der letzte Kasten (4), in dem sich die für die Umsetzung verantwortlichen Personen eintragen. Bleibt dieses letzte Textfeld leer, dann wird die Idee mit Sicherheit nicht umgesetzt.

Die Ergebnisse des gesamten Prozesses werden fotografisch dokumentiert und es findet im Anschluss eine Priorisierung der Umsetzungsprojekte mit klaren Verantwortlichkeiten statt. Je nach Zielsetzung des Pädagogischen Tages, also ob es sich um die Erstellung eines Leitbildes und des Change Codes handelt oder um die Umsetzung konkreter Maßnahmen zur Neugestaltung des Unterrichts, zur Rhythmisierung, zur Gestaltung des Ganztages und vieles mehr, muss am Ende eine Umsetzungsvereinbarung mit klaren Verantwortlichkeiten und Zeitplan stehen.

Und wie wirksam ist das Verfahren?

Dieses hier beschriebene Verfahren hat sich in den letzten Jahren in der Arbeit mit einer Vielzahl von Bildungseinrichtungen bewährt. Da liegt die Frage nahe: Was wird von den Ideen umgesetzt? Ist die Zukunftswerkstatt als tragende Säule des Leadership-Kompasses eine folgenlose Spielerei oder eine seriöse Methode die nicht nur zur Ideengenerierung taugt, sondern auch Veränderungsprozesse anstößt. Die Antwort, die ich auf diese Frage gebe, verweist wieder auf die eingangs von mir vertretene Erkenntnis, dass Schulleitungen mehr Einfluss haben, als sie in der Regel vermuten.

In Schulen, die über engagierte Leitungen verfügen, denen der Veränderungsprozess ein echtes »Herzensanliegen« ist, erweist sich der Leadership-Kompass als hilfreiche Handlungsorientierung und Zukunftswerkstätten als wirksame Instrumente nicht zur Freisetzung kreativer Fantasien, sondern auch zur Schulentwicklung.

Gute Schulleitungen ermutigen, sorgen für klare Verantwortlichkeiten (wer, was, wie, mit wem, bis wann?), setzen Umsetzungstermine, räumen Hindernisse aus dem Weg und sorgen für Unterstützung. Im Sinne Kotters sorgen sie für ein Gefühl der Dringlichkeit und bilden eine »guiding coalition« durch partizipativen Einbezug der Schlüsselpersonen. Sie unterstützen die Entwicklung einer attraktiven Vision und deren Umsetzung in einem sich selbst erklärenden Leitbild und sorgen für die Entwicklung eines Change Codes der, bestehend aus drei Kernwerten, eine einfache Orientierung im Schulalltag ermöglicht. Gute Schulleitungen sorgen dafür, dass geeignete Mitarbeiter/innen befähigt werden und den notwendigen Gestaltungsspielraum sowie Vertrauensvorschuss erhalten. Sie kommunizieren schnelle Erfolge und sorgen für eine Verankerung in der Kultur.

Indem sie gemäß des Leadership-Kompasses für Verstehbarkeit, Bedeutsamkeit und Handhabbarkeit sorgen sowie den Raum für Selbstbestimmung und Kompetenzerleben erweitern und darüber hinaus das Zugehörigkeitsgefühl stärken, sorgen sie für Wohlbefinden und Engagement. Die auf den wertschätzenden Austausch aufbauende Vision unterstützt die Umsetzung. Und dies ist nicht lediglich ein frommer Wunsch.

So habe ich mehrfach erlebt, dass es unter den genannten Bedingungen möglich ist, innerhalb von drei Monaten etwa ein neues Rhythmisierungskonzept umzusetzen und dass darüber hinaus ein Innovationsteam an der inhaltlichen Neugestaltung des Ganztages arbeitet. Oft aber gibt es zu wenig Unterstützung durch die Schulleitung oder es werden zu viele unverbundene Einzelprojekte gestartet, die aufgrund von Überforderung und fehlenden Unterstützungsstrukturen scheitern müssen.

Wenn wir Schulentwicklung langfristig erfolgreich gestalten wollen, dann sollten wir nach Wegen suchen, wie wir anstatt auf zufällige Einzelverbesserungen zu hoffen, einen systematischen Prozess der Schulentwicklung organisieren können, der von allen Beteiligten entwickelt und getragen wird. Hierzu gehört – wie oben beschrieben – eine gemeinsam entwickelte Vision, die in ein attraktives Zukunftsbild übertragen wird, dass durch den Change Code, also drei Kernwerte, ergänzt wird.

Zukunftsbild und Change Code geben die Kodierungsregel, an der sich alle Veränderungsprojekte ausrichten. Wenn also eine Schule wie in unserem Beispiel »wertebasiert, professionsbildend und praxisstark« sein möchte, dann ergeben sich aus diesen Adjektiven nicht nur vielfältige Umsetzungsmöglichkeiten, sondern auch eine Prüfregel, die auf alle Angebote anzuwenden ist: Woran merkt man, dass unsere gesamte Institution, unsere Angebote und das Verhalten unserer Lehrkräfte sich in Richtung unseres Change Codes bewegen?

Damit diese Begriffe allerdings nicht in der Luft hängen, bedarf es eines Masterplans, der etwa für einen Zeitraum von fünf Jahren das Endziel sowie konkrete Umsetzungsschritte beschreibt. Hier können Methoden des Projektmanagements zum Einsatz kommen.

Der im Anschluss an eine Zukunftswerkstatt zusammen mit den engagierten Kolleg/innen entwickelte *Masterplan* mit einer Zeitleiste, der Beschreibung von Zwischenetappen und Verantwortlichkeiten, der sich ebenfalls auf die Umsetzung von maximal drei Kernzielen beziehen sollte, dient der Orientierung. Er ist allerdings keinesfalls völlig festgeschrieben, denn im Umsetzungsprozess tauchen zwangsläufig unerwartete Widerstände, neue Einsichten und vieles mehr auf. Bei klarer Zielsetzung muss er also offen für kreative Anpassungen sein. John Lennon sagte einmal: »Leben ist das, was passiert, während du es planst.« In diesem Sinne ist der Wandel das, was passiert, während wir ihn planen. Es wird also viele Um- und Abwege geben. Umso wichtiger sind ein ansprechend visualisiertes Zielbild und der Change Code.

Fazit: Wirksam Führen mit Wertschätzender Schulleitung

Nachdem ich nun ausführlich dargestellt habe, was Wertschätzende Schulleitung bewirkt, warum Schulleitung oft schwierig ist und wie Schulleitung gelingt, möchte ich abschließend die gewonnenen Einsichten im Sinne von »Simplexity« zusammenfassen.

Simplexity steht für den Versuch, komplexe Herausforderungen durch die Fokussierung auf die wichtigsten Einflussfaktoren bewältigen zu können. Die gewählten Faktoren müssen die jeweilige Herausforderung hinreichend abbilden und dürfen nicht auf eine Verleugnung wesentlicher Bereiche hinauslaufen. Mit dem Leadership-Kompass und dem Change Code meine ich Faktoren benannt zu haben, die es Schulleitungen ermöglichen, die überbordende Komplexität zu reduzieren. Sie ermöglichen es, Schule mit einem einfachen, aber nicht vereinfachenden Modell wirkungsvoll zu leiten.

In diesem Sinne könnten Sie die Lektüre dieses Buches auch mit diesem letzten Kapitel beginnen, enthält es doch die Quintessenz meiner Anregungen und gibt konkrete Hilfen für die Umsetzung.

Eine Schulkultur, die von Anerkennung und Wertschätzung getragen ist, mag angesichts derzeitiger Verhältnisse eine Utopie sein, und doch ist deren schrittweise Realisierung der Schlüssel für den Aufbau von Schulen, die die Erzielung von Spitzenleistungen mit Potenzialentwicklung und Wohlbefinden verbinden. Wie der Leadership-Kompass und der Change Code zeigen, sind die Führungsanforderungen, die an die Umsetzung dieser Vision gesetzt sind, sehr übersichtlich.

Abseits aller Differenzierungen geht es nämlich um drei Bereiche, deren Berücksichtigung Sie durch drei einfache Analysefragen überprüfen können, die Ihnen zugleich Hinweise für die Ausrichtung Ihres Führungsverhaltens und Ihrer Führungsinterventionen geben. Betrachten Sie im Sinne einer Ergebnisprüfung jetzt noch einmal den oben bereits detailliert erläuterten Leadership-Kompass (siehe Abb. 12, Seite 81).

Aus Sicht der Salutogenese sind Gesundheit, Wohlbefinden und Kohärenzerleben die Basis, auf deren Grundlage die Bereiche von Selbstbestimmung, Kompetenzerleben und Sinn- sowie Zugehörigkeitserleben ausgebaut werden können. Dies alles bedarf eines langfristig angelegten Schulentwicklungsprozesses, der aufbauend auf einer Wertschätzenden Diagnose in eine gemeinsame Vision und einen konkreten Umsetzungsplan mündet.

Aus den Konzepten von Salutogenese, Selbstbestimmung und Wertschätzung ergeben sich drei Analysefragen, deren Berücksichtigung wirksame Wertschätzende Schulleitung ermöglicht.

Analysefrage 1:
Ist mein Handeln verstehbar, bedeutsam und handhabbar?

- Ist mein Handeln für alle Beteiligten verstehbar?
- Erfahren die Kolleg/innen alle Maßnahmen als bedeutsam?
- Sind – etwa bei der Optimierung bzw. Neugestaltung des Unterrichts oder bei der Umsetzung von Reformmaßnahmen – die Umsetzungsschritte für alle handhabbar?

Analysefrage 2:
Inwieweit sorge ich für die Erweiterung von Selbstbestimmung, die Erfahrung von Kompetenzzuwachs und die Stärkung des Zugehörigkeitsgefühls?

- Wie kann ich dafür sorgen, dass Lehrer und Schüler entsprechend ihrem Stand und ihren Aufgaben mehr Selbstbestimmung erfahren?
- Wie kann ich dafür sorgen, dass jeder – gemäß seinen Voraussetzungen, seinem »Element« bzw. seinen Motivationen – Kompetenzzuwachs erfährt?
- Was kann ich dafür tun, dass unsere Schule als positiv besetzte Gemeinschaft erfahren wird, zu der sich alle als zugehörig fühlen und den Sinn der Entwicklungsaufgaben verstehen?

Analysefrage 3:
Wie sorge ich für den schrittweisen Aufbau einer wertschätzenden Kultur, die von einer gemeinsamen Vision getragen ist und für die ein konkreter Umsetzungsplan mit Kontrolle der Entwicklungsetappen vorhanden ist?

- Wie kann ich für einen regelmäßigen wertschätzenden Erfahrungsaustausch sorgen?
- Was kann ich tun, um eine gemeinsam getragene Vision voranzutreiben und diese in ein attraktives Zukunftsbild zu übersetzen, und den Change Code in Form von drei Kernwerten zu definieren?
- Was kann ich zur Entwicklung eines Masterplans für die Umsetzung beitragen und wie kann ich den Kolleg/innen informationelle, instrumentelle und emotionale Unterstützung bieten?

Danksagung

Dieses Buch ist Ergebnis von über 30 Jahren Beratung von Schulen, Bildungseinrichtungen, Firmen und sonstigen Organisationen sowie der Zusammenarbeit mit einer Vielzahl von Institutionen und Personen. Sie alle haben zum Zustandekommen meiner Ausführungen beigetragen. Von daher ist es mir unmöglich, all diese wichtigen Anreger und Ideengeber zu benennen, und ich muss mich auf die Nennung einiger weniger Personen beschränken.

Hier ist die »Deutsche Akademie für Pädagogische Führung« mit H.-G. Rolff zu nennen, mit dem ich nicht nur viele Zukunftswerkstätten zum Abbau von Belastungen durchgeführt habe, sondern von dem ich auch viele Anregungen für Verfahren der Schulentwicklung erhalten habe.

Auch unsere Beratergemeinschaft Burow, Freiboth und Gottschalk hat nicht nur zum Verständnis von Change-Prozessen beigetragen, sondern auch einige der Schaubilder und die Idee der »Transformationslücke« geliefert. A. Gottschalk ist darüber hinaus unersetzlicher Entwickler von Change-Tools sowie Instrumenten digital unterstützten Lehrens und Lernens.

Der Marketing-Experte G. Enders hat mit seinem »Zukunftscode« Anregungen zur Weiterentwicklung der Realisierungsphase der Zukunftswerkstatt in Form des »Change Codes« geleistet.

Auch die Schulentwickler vom NLQ, die Kulturbildner der BKJ sowie eine Vielzahl engagierter Schulleiter/innen aus allen Bundesländern haben in Zukunfts- und Schulentwicklungswerkstätten wichtige Einsichten geliefert.

Nicht zu vergessen die jahrzehntelangen Mitstreiter des ISI H. Hinz und V. Imschweiler sowie von unserem »IF - Institute for Future Design«.

Tja, und dann lieferten meine Töchter Sophia und Sarah – bisweilen unfreiwillig – erhellende Erfahrungen über Bedingungen gelingenden Lernens. Und alles dies wurde nur möglich durch die Unterstützung Christel Schmieling-Burows, die mit »Art-Coaching« ein eigenes Verfahren zur Potenzialerschließung und zur Freisetzung persönlicher Kreativität entwickelt hat.

Kassel 15.1.2022

Literatur

Aktionsrat Bildung (2014): Gutachten »Psychische Belastungen und Burnout beim Bildungspersonal. Empfehlungen zur Kompetenz- und Organisationsentwicklung«. Download unter: http://www.aktionsrat-bildung.de/index.php?id=75 (Abruf: 12.07.2015).

Allmendinger, J. (2012): Schulaufgaben. Wie wir das Bildungssystem verändern müssen, um unseren Kindern gerecht zu werden. München: Pantheon-Verlag.

Antonovsky, A./Franke, A. (1997): Salutogenese: Zur Entmystifizierung der Gesundheit. Tübingen.

Argyris, C. (1997): Wissen in Aktion. Eine Fallstudie zur Lernenden Organisation. Stuttgart: Klett-Cotta.

Arnold, R./Schüßler, I. (Hrsg.) (2003): Ermöglichungsdidaktik. Baltmannsweiler: Schneider Verlag Hohengehren.

Bauer, J. (2013): Das Gedächtnis des Körpers. 3. Auflage. Frankfurt am Main: Eichborn.

Bauer, J. (2007): Lob der Schule. Hamburg: Hoffmann & Campe.

Bertelsmann Stiftung (Hrsg.) (2012): Chancenspiegel. Zur Chancengerechtigkeit und Leistungsfähigkeit der deutschen Schulsysteme. Gütersloh: Verlag Bertelsmann Stiftung.

Beutel, S.-I. & Pant, H. A. (2020): Lernen ohne Noten. Alternative Konzepte der Leistungsbeurteilung. Stuttgart: Kohlhammer.

Bloom, N./Lemos, R./Sadun, R./Van Reenen, J. (2014): Does Management Matter in Schools? NBER Working Paper No. 20667 Issued in November 2014. Download: http://www.nber.org/papers/w20667 (Abruf: 12.07.2015).

Bornemann, S. (2012): Kooperation und Kollaboration. Das Kreative Feld als Weg zu innovativer Teamarbeit. Wiesbaden: VS-Verlag.

Braun, T./Fuchs, M./Kelb, V. (2010): Auf dem Weg zur Kulturschule. München: kopaed.

Buddensiek, W. (2003): Die Ganztagsschule als Lern- und Lebensraum – Schularchitektur als dritter Pädagoge. In: Neue Deutsche Schule, nds 8/9.

Bude, H. (2011): Bildungspanik. München: Hanser.

Bundesländer im Vergleich: So ungerecht sind Abiturnoten in Deutschland. Spiegel online 6.6.2015. http://www.spiegel.de/unispiegel/wunderbar/abiturnoten-grosse-unterschiede-zwischen-bundeslaendern-a-1037374.html (Abruf 26.11.2015).

Burow O.-A. (2022): Schule der Zukunft. Sieben Handlungsoptionen. Weinheim: Beltz.

Burow, O.-A. (2021): Die Corona-Chance – Sieben Schritte zur »Resilienten Schule«. Weinheim: Beltz.

Burow, O.-A. (2020): Future Fridays – Warum wir das Schulfach Zukunft brauchen. Weinheim: Beltz.

Burow, O.-A. (2019): Schule digital – wie geht das? Wie die digitale Revolution uns und die Schule verändert. Weinheim: Beltz.

Burow, O.-A. (2015): Team-Flow. Gemeinsam wachsen im Kreativen Feld. Weinheim: Beltz.

Burow, O.-A. (2014): Digitale Dividende. Ein pädagogisches Update für mehr Lernfreude und Kreativität in der Schule. Weinheim: Beltz.

Burow, O.-A. (2014): Wertschätzende Schulleitung. Wie Schulleiter Engagement, Spitzenleistung und Wohlbefinden fördern können. In: Schulverwaltung NRW, 12, S. 330–332.

Burow, O.-A. (2011/2021): Positive Pädagogik. Sieben Wege zu Lernfreude und Schulglück. Weinheim: Beltz.

Burow, O.-A. (2011): Positive Pädagogik. Sieben Wege zu Lernfreude und Schulglück. Weinheim: Beltz.

Burow, O.-A. (2000): Ich bin gut – wir sind besser. Erfolgsmodelle kreativer Gruppen. Stuttgart: Klett-Cotta.

Burow, O.-A. (1997): Wie man Zukunft (er-)finden und gestalten kann. In: Bürmann, J./Dauber, H./Holzapfel, G. (Hrsg.), S. 223–244.

Burow, O.-A. (1996): Lernen für die Zukunft oder die »fünfte Disziplin des Lernens«. In: Nachhaltige Entwicklung Aufgabe der Bildung. Symposium des Modellversuchs. Berlin: BUND Landesverband Berlin, S. 33–42.

Burow, O.-A. (1996): Zukunftskonferenz. Wie man Zukunft (er-)finden kann. In: Pädagogik, 10. S. 39–42.
Burow, O.-A. (1995): Zukunftswerkstatt als Instrument der Schulentwicklung. In: Beratung und Schule. Weilburg: HILF.
Burow, O.-A. (1993): Gestaltpädagogik: Trainingskonzepte und Wirkungen. Paderborn: Junfermann.
Burow, O.-A. (1992): Auf dem Weg zu einer Personenzentrierten Didaktik – Abschied von den Vorturn- und Feiertagsdidaktiken? In: Buddrus (Hrsg.): Die »verborgenen« Gefühle in der Pädagogik. Impulse und Beispiele aus der Humanistischen Pädagogik zur Wiederbelebung der Gefühle. Hohengehren: Schneider Verlag, S. 186–212
Burow, O.-A./Freiboth, M./Gottschalk, A. (2016): Der Change Code: Wie Sie die Transformationslücke schließen.
Burow, O.-A./Pauli, B. (2010): Ganztagsschule entwickeln: Von der Unterrichtsanstalt zum Kreativen Feld. 2. Auflage. Schwalbach/Ts.: Wochenschauverlag.
Burow, O.-A./Neumann-Schönwetter, M. (Hrsg.) (1995): Zukunftswerkstatt in Schule und Unterricht. Hamburg: Bergmann & Helbig. Überarbeitete Neuauflage 1998.
Christakis, N. A./Fowler, J. H. (2010): Connected! Die Macht sozialer Netzwerke und warum Glück ansteckend ist. Frankfurt: S. Fischer.
Christensen, C. (2013): Innovators Dilemma: https://www.youtube.com/watch?v=rpkoCZ4vBSI (Abruf: 12.07.2015).
Ciobau, A. (2012): Revolution im Klassenzimmer. Wenn Schüler ihre eigene Schule gründen. Freiburg: Herder.
Covey, S. (2012). Die 3. Alternative. Offenbach: Gabal.
Csíkszentmihályi, M. (1992): Flow. Das Geheimnis des Glücks. Stuttgart: Klett-Cotta.
Deci, E./Ryan, R. (1993): Die Selbstbestimmungstheorie der Motivation und ihre Bedeutung für die Pädagogik. Zeitschrift für Pädagogik, 39, S. 223–238.
Domisch, R./Klein, A. (2012): Niemand wird zurückgelassen. Eine Schule für Alle. München: Hanser.
Enders, G./Hampel, D. (2011): Der Zukunftscode. Evolutionäre Strategien für Marketing, Design, Technik. Berlin: Fruehwerk.
Fredrickson, B. L./Losada, M. F. (2005): Positive affect and the complex dynamics of human flourishing. American Psychologist 60, S. 678–686.
Fredrickson, B. (2011): Die Macht der guten Gefühle. Frankfurt: Campus.
Frey, B. S. /Frey-Mart, C. (2010): Glück – Die Sicht der Ökonomie. Zürich: Rüegger Verlag.
Friedman, T. L. (2006): Die Welt ist flach. Frankfurt: Suhrkamp.
Fritz-Schubert, E. (2010): Glück kann man lernen. Was Kinder stark fürs Leben macht. Berlin: Ullstein.
Fritz-Schubert, E. (2008): Schulfach Glück. Freiburg.
Fuchs, M./Braun, T. (Hrsg.) (2015): Die Kulturschule und kulturelle Schulentwicklung. Grundlagen, Analysen, kritik. Weinheim: Beltz.
Gallup Engagement-Index: http://www.gallup.com/de-de/181871/engagement-index-deutschland.aspx
Gardner, H. (1983/2011): Frames of Mind: The Theory of Multiple Intelligences. New York: Basic Books.
Gardner, H. (1991): Abschied vom IQ. Die Rahmen-Theorie der vielfachen Intelligenzen. Stuttgart: Klett-Cotta.
Gladwell, M. (2002): Tipping Point. Wie kleine Dinge großes bewirken können. München: Goldmann.
Gottschalk, A. (2013): Lehren mit dem Tablet-PC. In: Didaktiknachrichten – Zentrum für Hochschuldidaktik Ingolstadt, Heft5, S. 25–29
Harazd, B./Gieske, M./Rolff, H.-G. (2009): Gesundheitsmanagement in der Schule. Lehrergesundheit als neue Aufgabe der Schulleitung. Köln: Wolters Kluwer.
Hattie, J. (2009): Visible Learning. A synthesis of over 800 meta-analyses relating to achievement. London: Routledge.
Hegele-Raih, C. (2004): Was ist Leadership? Havard Business Manager. http://www.harvardbusinessmanager.de/heft/artikel/a-620896.html

Heyse, V. (Hrsg.) (2014): Aufbruch in die Zukunft. Erfolgreiche Entwicklungen von Schlüsselkompetenzen in Schulen und Hochschulen. Münster. Waxmann.

Hundeloh, H. (2012): Gesundheitsmanagement an Schulen. Präventions und Gesundheitsförderung als Aufgabe der Schulleitung. Weinheim: Beltz.

Hurrelmann, K./Albrecht, E. (2014): Die heimlichen Revolutionäre. Wie die Generation Y unsere Welt verändert. Weinheim, Basel: Beltz.

Hüther, G. (2004): Die Macht der inneren Bilder. Göttingen: Vandenhoek & Ruprecht.

Ingenkamp, K. (1974): Die Fragwürdigkeit der Zensurengebung. Weinheim/Basel: Beltz.

Jacobs, L. (2013): Fräulein Jacobs funktioniert nicht. Als ich aufhörte, gut zu sein. München: Knaur.

Johnson, S. (2000): Die Mäusestrategie für Manager. Veränderungen erfolgreich begegnen. Ariston.

Jungk, R. (1988): Projekt Ermutigung. Streitschrift wider die Resignation. Berlin: Rotbuch.

Jungk, R./Müllert, N. (1989): Zukunftswerkstätten. Mit Phantasie gegen Routine und Resignation. München: Heyne (Nr. 73).

Kao, J. (1997): Die Vorzüge der betrieblichen »Unordnung«. In: Pierer, H. v./Oetinger, B. v. (Hrsg.): Wie kommt das Neue in die Welt? München: Hanser, S. 319–330.

Keese, C. (2014): Silicon Valley. Was aus dem mächtigsten Tal der Welt auf uns zukommt. München: Knaus.

Khan, S. (2013): Die Khan Academy. Die Revolution für die Schule von morgen. München: Riemann.

Klemm, K. (2022): Alle Jahre wieder – Ist die Rückkehr zur alten Normalität überhaupt wünschenswert? In: Pädagogische Führung, 1, 2022, S. 8–11

Klemm, K. (2009): Klassenwiederholungen – teuer und unwirksam. Eine Studie zu den Ausgaben für Klassenwiederholungen in Deutschland. Gütersloh: Bertelsmann Stiftung.

Kotter, J. P. (2015): Die Kraft der zwei Systeme. In: Harvard Business Manager Spezial, S. 80–93.

Kotter, J. P. (2011): Leading Change. Wie Sie Ihr Unternehmen in acht Schritten erfolgreich verändern. München: Vahlen.

Kotter, J. P./Rathgeb, H. (2006): Das Pinguin-Prinzip. München: Droemer.

Krause, C./Wiesemann, U./Hannich, H. J. (2004): Subjektive Befindlichkeit und Selbstwertgefühl von Grundschulkindern. Lengerich: Pabst.

Laake, A. (2012): Schülercoaching in der Schulpraxis. Individuell fördern und begleiten nach dem Mündener Modell. Berlin: Cornelsen.

Lyubomirsky, S. (2008): Glücklich sein. Warum Sie es in der Hand haben, zufrieden zu leben. Frankfurt: Campus.

Mankell, H. (2013): »Ich weiß, wie wichtig Geld ist.« Bettina Weiguny im Interview mit dem Autor. Frankfurter Allgemeine Sonntagszeitung, 3.2.2013, S. 31.

Mau, B. (2010): The Third Teacher. New York: Harry N. Abrams.

McAdams, D. P. (1996): Das bin ich – Wie persönliche Mythen unser Selbstbild formen. Hamburg: Kabel.

McKinsey (2010): Mehr Eigenverantwortung entscheidender Faktor für die Verbesserung von Schulsystemen. http://www.presseportal.de/pm/14454/1726086 (Abruf: 01.12.2015).

Mc Kinsey Studie (2008) S. Keller, C. Aiken: »The inconvenient truth about change management«, 2008. (www.aascu.org/corporatepartnership/McKinseyReport2.pdf)

Mourshed, M./Chijioke, C./Barber, M. (2010): How the world most improved school systems keep getting better. http://mckinseyonsociety.com/how-the-worlds-most-improved-school-systems-keep-getting-better/ (Abruf: 1.12.2015)

Nida-Rümelin, J./Zierer, K. (2015): Auf dem Weg in die neue deutsche Bildungskatastrophe. Zwölf unangenehme Wahrheiten. Freiburg: Herder.

OECD (Hrsg.) (2021a): Lernkompass 2030. www.oecd.org/education/2030-project/contact/OECD_Lernkompass_2030.pdf [11.08.2021].

OECD (Hrsg.) (2021b): Zurück in die Zukunft. Vier OECD-Szenarien für Schule und Bildung. Paris: OECD-Publishing. www.doi.org/10.1787/4d027cb3-de

Oelkers, J. (2009): John Dewey und die Pädagogik. Weinheim: Beltz.

Overhoff, J. (2009): Vom Glück lernen zu dürfen. Für eine zweckfreie Bildung. Stuttgart: Klett-Cotta.

Overwien, B. (2007): Informelles Lernen. In: Göhlich, Michael; Wulf, Christoph; Zirfas, Jörg (Hrsg.): Pädagogische Theorien des Lernens. Weinheim, S. 119–130.

Pentland, A. (2014): Social Physics. How Good Ideas Spread – The Lessons from a New Science. New York: Penguin.

Pöppel, E. (2006): Der Rahmen. Ein Blick des Gehirns auf unser Ich. München: Hanser.

Prengel, A. (2014): Anerkennung ermöglicht Lernen, Verletzung verhindert es. Ergebnisse und Folgerungen aus dem Projektnetz INTAKT. In: Pädagogik, 12, Jg.2014, S. 29–32.

Rasfeld, M./Spiegel, P. (2012): EduAction. Wir machen Schule. Hamburg: Murmann.

Robinson, K. (2015): Wie wir alle zu Lehrern und Lehrer zu Helden werden. Salzburg: Ecowin.

Robinson, K. (2014): Begeistert Leben. Die Kraft des Unentdeckten. Salzburg: Ecowin.

Robinson, K. (2011): Out of our Minds. Learning to be Creative. Chichester: Capstone.

Robinson, K. (2010): Bring on the learning revolution! http://www.ted.com/talks/sir_ken_robinson_bring_on_the_revolution (Abruf: 25.11.2015).

Robinson, K. (2010): In meinem Element. Wie wir von erfolgreichen Menschen lernen können, unser Potenzial zu entdecken. München: Goldmann Arkana.

Robinson, K. (2006): Do Schools kill creativity? http://www.ted.com/talks/ken_robinson_says_schools_kill_creativity?language=en (Abruf: 25.11.2015).

Rogers, C. R. (1984): Freiheit und Engagement. Personenzentriertes Lehren und Lernen. München: Kösel.

Rolff, H.-G. (Hrsg.) (2015): Handbuch Unterrichtsentwicklung. Weinheim: Beltz.

Rolff, H.-G. (2008): Vortrag vor dem Netzwerk Schulentwicklung. Bilanz der Schulentwicklung. 11.–12.2.2008: IFS Dortmund (www.netzwerk-schulentwicklung.de).

Rolff, H.-G. (2007, 2): Studien zu einer Theorie der Schulentwicklung. Weinheim: Beltz.

Rolff, H.-G./Klemm, K. (2015). Chancengleichheit.

Roth, G. (2011): Bildung braucht Persönlichkeit. Wie Lernen gelingt. Stuttgart: Klett Cotta.

Sawyer, K. (2007): Group Genius. The Creative Power of Collaboration. New York: Basic Books.

Schaarschmidt, U. (2005): Halbtagsjobber? Psychische Gesundheit im Lehrerberuf – Analyse eines veränderungsbedürftigen Zustandes. Weinheim: Beltz.

Scharmer, C. O. (2013): Theorie U: Von der Zukunft her führen. Presencing als soziale Technik der Freiheit. 3. Auflage. Heidelberg: Carl Auer.

Scharmer, C. O. (2009): Theorie U: Von der Zukunft her führen. Presencing als soziale Technik der Freiheit. MIT: download unter: http://www.ottoscharmer.com/publications/

Schley, V./Schley, W. (2010): Handbuch Kollegiales Teamcoaching. Innsbruck: Studienverlag.

Schmidt, E./Cohen J. (2013): The New Digital Age. London: John Murray Publishers.

Schmieling-Burow, C. (2009): OASE – Open Art Space. Schulentwicklung durch Kunst und kreatives Gestalten in großen Gruppen. In: Journal für Schulentwicklung, 1, S. 36–46.

Schulte-Markwort, M. (2015): Burnout-Kids. Wie das Prinzip Leistung unsere Kinder überfordert. München: Pattloch.

Seligman, M. E. P. (2012): Flourish: Wie Menschen aufblühen. Die Positive Psychologie des gelingenden Lebens. München: Kösel.

Spiewak, M. (2015): Ewige Rechenschwäche. In: Zeit online 09. April 2015. http://pdf.zeit.de/2015/13/studie-abiturienten-mathematik-schwaeche.pdf (Abruf: 25.11.2015).

Steenbuck, O./Quitmann, H./Esser, P. (Hrsg.) (2011). Inklusive Begabtenförderung in der Grundschule. Weinheim: Beltz.

Steffens, U./Höfer, D. (2012). Was ist das Wichtigste beim Lernen? Die Forschungsbilanz von John Hattie. In: Pädagogik, 12/20012, S. 40–43.

Sternberg, R. J. (1998): Erfolgsintelligenz. Warum wir mehr brauchen als EQ und IQ. München: Lichtenberg.

Stippler, M./Moore, S./Rosenthal, S./Dörfer, T. (2011/2014): Führung – Überblick über Ansätze, Entwicklungen, Trends. Gütersloh: Bertelsmann.

Surowiecki, J. (2005): Die Weisheit der Vielen – Warum Gruppen klüger sind als Einzelne und wie wir das kollektive Wissen für unser wirtschaftliches, soziales und politisches Handeln nutzen können. München: Bertelsmann.

Thiel, P. (2014): Zero to One: Wie Innovation unsere Gesellschaft rettet. Frankfurt: Campus.

Thissen, F. (2013): Mobiles Lernen in der Schule. Komplexes PDF auf der i-Tunes University: http://www.frank-thissen.de/ibook_gut.pdf

Tough, P. (2013): Die Chancen unserer Kinder. Warum Charakter wichtiger ist als Intelligenz. Stuttgart: Klett-Cotta.

Trapp, E. C. (1780): Versuch einer Pädagogik. Unveränderter Nachdruck der 1. Ausgabe Berlin 1780.

Trilling, B./Fadel, Ch. (2009): 21st Century Skills. Learning for Life in Our Times. Jossey-Bass. Besorgt von Ulrich Herrmann (1977). Paderborn.

Wehler, H.-U. (2013): Die neue Umverteilung. Soziale Ungleichheit in Deutschland. München: Beck.

Weisbord, M. (Hrsg.) (1992): Discovering Common Ground. San Francisco: Berret Koehler.

Anhang

Nachfolgend stelle ich einen exemplarischen Ablaufplan für einen Pädagogischen Tag vor, der in Form der Zukunftswerkstatt auf der Wertschätzenden Befragung basiert. Dieser Ablaufplan gibt die Grundstruktur wieder, die sich in vielen Veranstaltungen bewährt hat.

Je nach Anforderung wird dieser Ablauf modifiziert. Wenn es die jeweilige Aufgabe erfordert, findet die Veranstaltung auch an zwei Tagen statt – insbesondere dann, wenn es – etwa bei einer Neugründung, einem Schulleiterwechsel oder einem neuen Profil – darum geht, ein Leitbild und den Change Code zu entwickeln.

Weitere Informationen finden Sie unter:
www.olaf-axel-burow.de

Prof. Dr. Olaf-Axel Burow

Zukunftswerkstatt:
Neue Chancen nutzen – Ganztag gestalten

Ort ________ Termin ________ Ansprechpersonen ____________________

Zum Ziel der Zukunftswerkstatt

Die von Robert Jungk in den 1960er-Jahren entwickelte Zukunftswerkstatt hat sich in vielen Projekten als effektives Instrument partizipativer Schulentwicklung erwiesen. Ihre besondere Stärke liegt in der Freisetzung der »Weisheit der Vielen« sowie der Mobilisierung von Energie und Leidenschaft – zwei oft unterschätzte und doch unverzichtbare Voraussetzungen für erfolgreiche Schulentwicklungsprozesse. Im Zentrum steht die Überwindung linearen Sachzwangsdenkens durch die Entwicklung von Bildern einer von allen ersehnten Schule der Zukunft. Diese (visionären) Zukunftsbilder sind Ausdruck des »pictorial knowledge« – d. h. der Wissensform, die unser Handeln entscheidend bestimmt. Ziel der Zukunftswerkstatt ist es, mit den entstehenden Visionen einen Orientierungsrahmen für die weitere Entwicklung des Ganztags zu erhalten und diejenigen Umsetzungsprojekte zu identifizieren, die von allen Beteiligten als besonders zukunftsträchtig angesehen werden.

Ablauf

9.00 – 9.15 Ankunft, Begrüßung

9.15 – 10.00 **1. Vortrag: Abschied vom Bikini-Modell:**
Warum der Ganztag die Entwicklung der ganzen Schule erfordert
(Erkenntnisse der Schulqualitätsforschung und Einführung in die Methode)

10.00–10.15	**2. Übung zur »Wertschätzenden Schulentwicklung«**
10.00–10.15	a) Jeder überlegt sich eine gelungene Situation aus dem Unterricht oder dem Schulalltag und füllt Arbeitshilfe 1 aus.
	b) Marktplatz: Gruppenbildung nach Symbolen
10.15–10.45	c) Jeder stellt sein bestes Erlebnis vor.
	d) Eine Geschichte wird fürs Plenum ausgewählt.
	e) Einigung auf drei gemeinsame Erfolgsprinzipien, die auf grüne Karten geschrieben werden
10.45–11.15	f) Vorstellung der besten Geschichten im Plenum und Sortierung der »Kernprinzipien«
11.15–11.30	*Ausstellung und Kaffeepause*
11.30–13.00	**3. Visionenphase (Teil 1)**
	a) Einführung in den Charakter der Visionenphase
	b) Reise in die gewünschte Zukunft des Ganztags
	c) Skizzierung der individuellen Visionen
	d) Ausstellung der Visionen und Bildung von Visionengruppen
	e) Vorstellung der individuellen Visionen in den Gruppen und Erarbeitung einer gemeinsamen Vision
13.00–13.45	*Mittagspause*
13.45–14.15	**4. Präsentation der Visionen**
	Gruppen präsentieren ihre Vorstellungen zur Entwicklungsperspektive des Ganztags
14.15–14.30	*Kaffeepause*
14.30–15.30	**5. Realisierungsphase**
	a) Bildung von Umsetzungsgruppen nach dem Open-Space-Prinzip: Aufgabe: Entwicklung einer konkreten Umsetzungsmaßnahme Kurz-, mittel-, langfristig umzusetzende Ziele
	b) Arbeit in den Umsetzungsgruppen
15.30–15.50	c) Präsentation der Umsetzungsvorhaben: Kurzfristig – mittelfristig – langfristig Wer, was, wann, wie, mit wem?
15.50–16.00	**6. Abschluss**
	a) Beamerpräsentation
	b) Abschlussblitzlicht
ca. 16.00	Ende

Unser Vorhaben:

Quelle: Prof.Dr.Olaf-Axel Burow
www.olaf-axel-burow.de

Unser Symbol/Logo:

Unser Slogan:

Unser Vorhaben für die Gestaltung des Ganztags und der erste Schritt zur Umsetzung:

Initiatoren/Ansprechpartner/innen

Arbeitsauftrag:
Bitte überlegen Sie einen Moment: Was war für Sie ein besonders positives Erlebnis, das Sie an Ihrer Schule gehabt haben – vielleicht eine besonders gelungene Lehr-Lernsituation, von der Sie sagen, so sollten Unterricht und Lernen an der Schule sein. So wünsche ich mir den Ganztag 2020. Oder etwas, das Ihnen in der Zusammenarbeit mit Schülern bzw. Kolleg/innen besonders gelungen ist; eine Situation, von der Sie im Nachhinein sagen: Davon wünsche ich mir mehr an unserer Schule, so wünsche ich mir eine neue Lehr-Lernkultur, die auch die Chancen und Möglichkeiten, die der Ganztag eröffnet, nutzt.
Bitte beschreiben Sie in wenigen, möglichst aussagekräftigen Stichworten diese kleine Episode unter der Rubrik »Mein Erlebnis«. Vielleicht finden Sie ein Symbol, das den Inhalt dieses Erlebnisses veranschaulicht. Malen Sie es in den linken Kasten und wählen Sie dann ein Wort oder eine kurze Aussage aus, das/die den positiven Kern dieses Erlebnisses ausdrückt. Schreiben Sie dieses Wort oder diesen Satz gut leserlich in den rechten Kasten. Tragen Sie dann in den unteren Kasten in Stichpunkten die Kernelemente ein, die die Situation charakterisierten. Was davon ist besonders geeignet für die Entwicklung einer zukunftsfähigen Schul- und Unterrichtskultur?

Mein Symbol:

Mein Wort/Satz:

Mein Erlebnis: